마켓센싱 하라

마켓센싱 하라
MARKET SENSING
고객의 마음을 꿰뚫어보는 놀라운 감각

김선주 • 안현정 지음

21세기북스

혁신의 아이콘 애플의 디자이너들은 상품을 개발하려고 24시간 일한 다고 한다. 그렇다고 24시간 회사에서 생활하는 것은 아니다. 그보다 는 제품을 디자인하는 업무 외 시간, 즉 평소 자신의 일상생활에서, 거 리에서 길을 걸으면서 잠재적으로 애플의 고객이 될 사람들이 어떤 식 으로 앉아서 식사를 하는지, 대화를 나누는지, 아이들은 어떻게 노는지 등을 관찰하는 데 노력을 기울인다는 의미다. 애플에서는 이러한 업무 외 시간의 노력을 실제 디자인만큼 중요하게 여긴다. 왜냐하면 이러한 관찰을 통해 디자인 방향을 잡아가기도 하고, 혁신적인 아이디어를 얻 기도 하기 때문이다.

그렇다면 나도 하루 종일 거리에서 사람들을 관찰하기만 하면 혁신적 인 아이디어를 떠올릴 수 있을까? 아마도 우리 대부분은 이 질문에 부 정적인 답을 하게 될 것이다. 우선 관찰을 한다고 해도 무엇을 관찰해야 할지부터 막막하게 느껴진다. 거기서 무엇을 느끼고 혁신적인 제품에 적용할 새로운 아이디어로 어떻게 연결할 수 있을지도 도무지 종잡을 수가 없다. 애플의 디자이너들은 이런 일에 필요한 '감각'을 타고났기 때문에 가능한 일이라고 생각한다. 하지만 21세기 기업 환경은 애플의 디자이너들뿐만 아니라 우리에게도 변화하는 고객과 시장에 발맞추어 새로운 비즈니스 기회, 상품 개발 방향을 잡아내는 감각을 요구하는 것이 문제다. 물론 단순히 새롭기만 해서는 부족하다. 지금까지 아무도 생각해내지 못한 것, 어디에서도 제공하지 않은 것, 그러면서도 고객의 니즈에 맞서서 "그래, 내가 원하던 게 바로 이런 거였어"라고 무릎을 탁치게 만드는 제품이어야만 시장을 이끌어갈 수 있기 때문이다.

시장의 변화가 점점 더 빨라지고 경쟁은 점점 더 치열해지면서, 기업들은 지금까지와 마찬가지로 기존 제품을 업그레이드하거나 기존 제품의 카테고리 내에서 새로운 제품을 하나 더 내놓는 방식으로는 지속적인 성장은 물론 현재 상태를 유지하는 것도 어렵다고 느끼고 있다. 빠르게 변화하고 경쟁이 치열한 시장에서 고객은 기업보다 훨씬 우월한 위치에서 선택권을 갖는다. 이들은 기업이 예전처럼 기존 제품에 대해 고객이 느끼는 불만족을 연구하여 내놓은 제품을 품질이 더 좋고 기능이 좀 더 추가되고 가격이 좀 더 싸다는 이유만으로 선택하지는 않는다. 따라서 기업이 경쟁력을 유지하고 시장을 이끌어가려면, 무언가 새로운 방법이 필요하게 되었다. 시장과 고객의 변화를 한발 앞서 파악하고 분석하여 기존 제품의 연장선에서 벗어난 혁신적인 신규 사업, 신제품, 새로운 서비스로 대응하는, 즉 시장의 변화를 읽어내어 혁신적인 비즈니스 기회로 연결시키는 감각이 필요하게 되었다.

　그렇다면 이제 우리는 어떻게 해야 할까? 이런 '감각'을 타고나지 못했으니 애초에 포기하는 것이 상책일까? 이러한 감각은 정말 타고나야 하는 것일까? 이제라도 이러한 감각을 키울 수는 없을까? 만약 감각을 키운다고 하면 어떻게 해야 할까? 결론부터 말하자면, 저자는 이러한 감각이 개인 차원 혹은 조직 차원에서 체계적으로 길러질 수 있다고 주장한다. 이 책의 제목인 '마켓센싱Market Sensing'은 시장의 변화 속에서 새로운 비즈니스 기회를 찾아내는 감각을 의미한다. 이 책을 통해 이러한 마켓센싱 역량을 구체적으로 어떻게 갖춰나갈 수 있는지를 방법론과 사례로 설명하고자 한다.

　어떻게 하면 이러한 역량을 갖춰나갈 수 있을까? 무엇보다 시장과 고객에게 좀 더 가깝게 다가가야 한다. 진부하게 들릴 수도 있지만, 시장과 고객에 대한 정보를 더 다양한 관점에서 수집하고 이를 기반으로 시장과 고객의 변화를 이해하려고 노력하는 것이 마켓센싱의 기본이다. 애플의 디자이너들이 생활 속에서, 거리에서 잠재 고객을 관찰하는 것도 시장과 고객에게 다가가 좀 더 잘 이해하려는 하나의 정보 수집 방법이라고 봐야 한다. 그렇다고 이 책이 단지 시장과 고객에 대한 다양한 정보 수집 방법만을 소개하는 책은 아니다. 지금까지 기업에서 주로 활용해온 정보 수집 방법 외에 다양한 방법을 소개함은 물론 이렇게 수집한 정보를 어떻게 체계적으로 분석하여 비즈니스 기회로 활용할 수 있을 것인가를 포함하여 시장과 고객 정보에 대한 체계적인 접근 방법을 안내하는 책이라 하겠다.

이 책에서는 이러한 접근 방법을 개인뿐만 아니라 기업에서도 활용할 수 있도록 구성했다. 이를 통해 개인 차원은 물론 기업 차원에서도 변화를 감지하고 이에 대응하는 마켓센싱 역량을 키워서 기업의 경쟁력을 장기적으로 강화해나가는 데 도움이 되었으면 한다.

그러면 다음에 이어질 제1장부터 마지막 제7장까지 이 책의 구성을 간단히 소개하겠다.

제1장 '달라진 비즈니스 환경에서 문제 해결하기'에서는 저자가 컨설팅이나 교육을 통해 기업 현장을 접하면서 최근에 공통적으로 느끼는 문제를 인터뷰한 내용으로 시작한다. 마켓센싱이 반드시 필요해진 배경이 되는, 조직이 당면한 체계의 문제점과 개인이 구성원으로서 느끼는 한계점에 대한 인식을 함께 다루었다. 또한 이러한 현상이 나타난 원인을 기업의 외부 환경 변화와 내부 대응 한계 측면에서 살펴보고자 한다.

제2장 '마켓센싱이란 무엇인가'에서는 먼저 마켓센싱의 개념을 명확히 이해하고 개인 관점 및 기업 관점에서 마켓센싱의 기대 효과에 대해 구체적으로 알아본다. 그리고 체크리스트를 통해 개인 차원 또는 기업 차원에서 현재의 마켓센싱 역량을 진단할 수 있도록 했다.

제3장 '기업보다 더 빠른 시장과 고객의 변화'에서는 실제 사례를 들어 시장의 변화와 고객 니즈의 변화가 어떠한 방향으로, 어떻게 진행되

는지 알아본다. 또한 이러한 변화 속에서 기업의 기존 대응 방식에 어떠한 한계가 있었는지도 함께 생각해보자.

제4장 '고객의 표출하는 정보 수집하기'에서는 먼저 시장과 고객의 변화를 파악하고자 우리가 수집해야 하는, 또는 감지해야 하는 정보를 고객이 표출하는 정보와 고객이 표출하지 않아 잠재된 정보로 구분한다. 그리고 먼저 고객이 표출하는 정보를 좀 더 효과적으로 수집하는 방법에 대해 알아본다. 고객이 표출하는 정보는 다시 고객이 관리하는 정보와 고객이 표출함에도 관리되지 못하는 정보로 구분하여 설명한다. 먼저 현재 관리하는 정보에 대해서는 다소 미흡한 부분을 더 효과적으로 관리할 수 있는 방법에 대해, 현재 관리하지 못하지만 시장과 고객의 변화를 파악하려면 꼭 필요한 정보에 대해서는 추가적으로 정보를 얻을 수 있는 채널에 대해 알아본다.

제5장 '고객의 잠재된 정보 수집하기'에서는 고객의 마음속에 잠재되어 있을 뿐 표출되지 않아 우리가 파악하지 못하지만 새로운 상품과 서비스를 창출하는 데 필요한 정보를 수집할 수 있는 방법과 이를 얻기 위한 구체적인 채널에 대해 알아본다.

제6장 '정보 분석으로 비즈니스 기회를 얻자'에서는 이러한 정보 속에서 의미 있는 인사이트Insight를 어떻게 도출하는지를 설명한다. 4장과 5장에서 설명한 정보 수집 방법으로 채널을 확대하고 많은 정보를 수집

했다고 하더라도 이 속에서 어떤 의미를 어떤 방법으로 꺼내야 할지 암담한 경우가 많다. 6장에서는 이렇게 수집된 정보 속에서 의미 있는 인사이트를 도출하고 이를 개인 차원, 혹은 기업 내 각 부문에서 비즈니스 기회로 어떻게 활용해야 할지를 설명한다.

제7장 '마켓센싱 인프라를 갖추자'에서는 개인 차원이 아닌 기업 차원에서 마켓센싱을 체계화하는 데 필요한 조직 및 운영 시스템에 대해 설명한다.

COA 컨설팅은 'Customer-oriented Approach를 기반으로 고객사의 지속적인 Value-up에 기여하는 Partner'를 미션으로 컨설팅과 교육 사업을 진행하는 컨설팅 회사입니다. COA 컨설팅은 고객사 기업의 가치 제고를 위해 기업이 고객을 철저히 이해하고 가치를 향상시킬 수 있도록 방법론을 제공하거나 가치를 도출하여 사업화 · 상품화를 추진하는 데 함께하거나 교육을 통해 임직원의 역량을 높이는 프로젝트를 진행합니다.

COA 컨설팅은 이러한 미션 달성이 가능하도록 노력합니다. 첫째, 소비 트렌드 및 이에 따른 고객 가치 변화의 근본적인 동인이 되는 트렌드 코드를 고객사의 고객 변화와 연결함으로써 좀 더 효과적으로 고객 가치를 향상시킬 수 있는 전략을 수립합니다.

둘째, COA 컨설팅은 고객 기반 접근을 통해 고객의 복합적 · 감성적 니즈를 파악하여 상품/서비스에 접목시키고자 심층 면접Depth Interview, 고객 좌담회Focus Group

, 크리에이터 그룹 운영뿐만 아니라 잠재 니즈 파악을 위한 다양한 방법론을 활용합니다.

셋째, 마케팅, 영업, CS 컨설팅 프로젝트와 교육을 수년간 수행해온 전문 컨설턴트로 구성되어 있습니다. 또한 IT, 통신, 소비재, 내구재뿐 아니라 B2B 산업재, 공기업을 대상으로 다년간의 풍부한 경험을 보유하고 있습니다. 이러한 경험을 기반으로 기업의 다양한 문제에 명확한 인사이트insight를 가지고 해결 방안을 제안할 수 있습니다.

넷째, COA 컨설팅은 개념적인 방향 설정에 그치지 않고 기업 특수성을 고려한 실질적이고 구체적인 실행 방안을 제시합니다. 또한 프로젝트 수행을 통해 고객의 역량 강화를 지원하여 지속적 실행 관리가 가능하도록 합니다.

COA 컨설팅 컨설턴트의 프로젝트 수행 기업

KTF, KT, SK건설, 대림 e 편한 세상, BIF, LG전자, 웅진식품, LG생활건강, 윤선생 영어교실, 에버랜드, 롯데, 롯데백화점, 삼성에버랜드, 서울아산병원, korail, 신무림 제지, LG화학, 정부기관 KOCCA, 한국지역난방공사, 한국마사회 등

차례

제2장
마켓센싱이란 무엇인가

제3장
기업보다 더 빠른 시장과 고객의 변화

제4장
고객이 표출하는
정보 수집하기

제5장
고객의 잠재된
정보 수집하기

제6장
정보 분석으로 비즈니스 기회를 얻자

제7장
마켓센싱 인프라를 갖추자

MARKET
SENSING

2011 북이십일 도서목록

북이십일이
특별한 감성으로
새롭게 태어납니다.

지식과 정보의
새로운 향유 방법을 창조함으로써
여러분과 함께 즐거움을 나누고
공유하겠습니다.

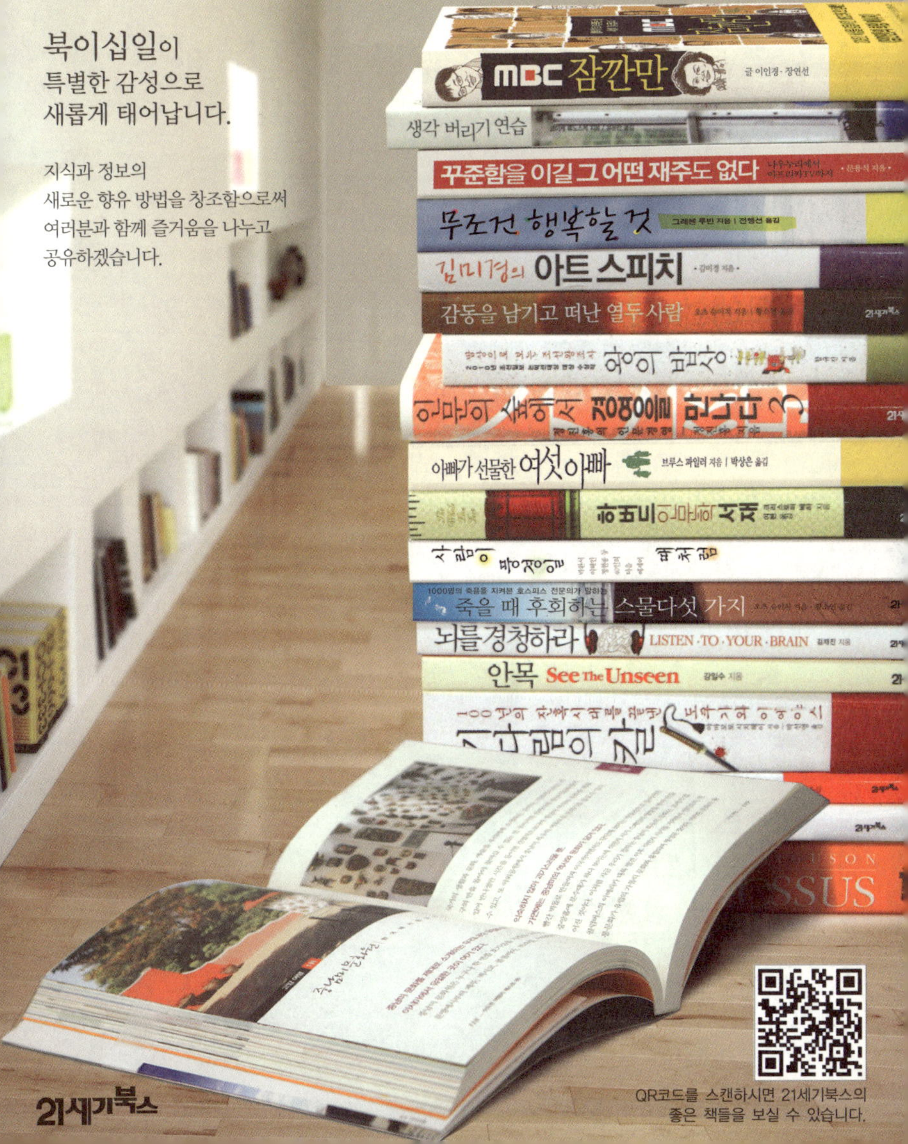

MBC 잠깐만

생각 버리기 연습

꾸준함을 이길 그 어떤 재주도 없다

무조건 행복할 것

김미경의 아트스피치

감동을 남기고 떠난 열두 사람

아빠가 선물한 여섯 아빠

죽을 때 후회하는 스물다섯 가지

뇌를 경청하라   LISTEN · TO · YOUR · BRAIN

안목 See The Unseen

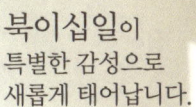

사람이 풍경일 때처럼
박완서 · 이해인 외 40인 지음 / 값 13,000원

조선일보 인기 연재 명작 에세이 40편

2009년부터 조선일보를 통해 연재되었던 문인들과 각계 인사들의 에세이 중 40편을 엮은 책이다. 박완서, 이해인, 정호승 등 한국을 대표하는 문인들과 기업인, 사회운동가, 스포츠선수 등 다양한 분야에서 활약 중인 유명인사들의 진솔한 이야기를 담았다. 용기를 얻을 수 있는 잔잔한 감동의 이야기들이다.

MBC 잠깐만
이인경 · 장연선 지음 / 값 13,000원

행복하기로 마음먹은 날, 세상이 달라집니다!

MBC라디오 캠페인 〈잠깐만〉을 책으로 만나다. 수많은 명사들이 들려주는 행복해지는 한마디! 20년간 세상을 감동시킨 MBC라디오 공익캠페인 〈잠깐만〉이 책으로 나왔다. 윤종신, 황정민, 신경숙 등 수많은 명사들이 〈잠깐만〉을 통해 전했던 따뜻한 이야기들을 읽다 보면, 희망과 행복을 찾는 법을 배울 수 있다.

아빠가 선물한 여섯 아빠
브루스 파일러 지음 / 값 12,000원

미국 전역을 울린 어느 시한부 아빠의 마지막 프로젝트

쌍둥이 딸을 앞에 두고 삶의 마지막을 준비해야 하는 아버지의 애달픈 마음을 담고 있는 감동 실화이다. 삶의 각 시기별로 자신을 대표할 만한 사람 여섯 명으로 구성된 '아빠 위원회'는 브루스가 떠난 후 쌍둥이들이 느끼게 될 아빠의 빈자리를 채워주고, 그를 대신해 놀랍게 성장해 갈 두 딸의 모습을 지켜보게 될 것이다.

세상에 마음 주지 마라
웨인 다이어 지음 / 값 12,000원

『행복한 이기주의자』웨인다이어의 인생론

악착같이 모았던 것들이 버려야 하는 것임을 알았다! 많은 사람들이 욕망을 인생의 목표로 삼고 있다. 하지만 욕망은 행복을 품지 못한다. 욕망에서 벗어나기 위한 여행을 시작할 때, 당신은 그 자체로 의미가 된다. 돌아서서 당신 자신에게로 곧장 가라.

★ 출간 즉시 아마존 1위!

조선일보 연재

제국의 황혼

정진석 외 6명 지음 / 값 23,000원

한일병합 1년 전의 풍경 속에서 망국의 징조와 기미를 읽는다!

2009년 8월 29일에 시작하여 국치 100주년이 되는 날, 즉 2010년 8월 29일에 끝이 났다. 1년 동안 조선일보에 연재되면서 수많은 독자들의 관심과 호평을 받았다. 역사의 수레바퀴를 한일병합 1년 전인 1909년 8월 29일로 되돌려 나라가 망하던 비극의 그날까지 365일간을 기록했다.

차갑지도 뜨겁지도 않은 청춘에게

이강락 지음 / 값 12,000원

스스로 자신의 역사를 기록하면서 삶을 업그레이드하라!

"어디로 배를 저어야 할지 모르는 사람에게는 어떤 바람도 순풍이 아니다." 요즘의 청춘들에게 '나'의 자리는 없다. 오로지 '남들'의 이야기만 있다. 이런 이들에게는 어떠한 미래도 불투명할 수밖에 없다. 힘차게 달려 나가야 할 시기에 '나'를 잃고 미적지근하게 살고 있는 청춘들에게 진정한 비전을 찾고 인생을 성공으로 이끄는 보석 같은 지침들을 들려준다.

개의 사생활

알렉산드라 호로비츠 지음 / 값 16,000원

우리가 몰랐던 개의 진실이 밝혀진다!

개는 색맹이냐? 개의 소변은 '영역 표시'냐? 우리의 근거 없는 추측이 '개'를 이해하기 어렵게 만든다. 개들은 항상 우리에게 말을 걸고 있다. 다만 인간인 우리가 그들의 말을 이해하지 못할 뿐이다. 이 책은 개가 되어 보지 않고도 개에 관해 가장 잘 이해할 수 있는 방법을 가르쳐준다.

인문의 숲에서 경영을 만나다 1·2·3

정진홍 지음 / 각 권 값 1,5000원

인문학은 삶의 학문이자 의지의 그루터기다!

이 책의 존재 이유는 오직 하나.
인문학의 자양분을 섭취해 저마다 삶의 밑동으로부터 통찰의 힘을
키우자는 것이다. 그것이 전부다. 그것을 키울 수만 있다면
이 책은 불쏘시개가 되어도 아깝지 않다.

21세기북스 트위터 @21cbook 블로그 b.book21.com 전화 031-955-2153 홈페이지 www.book21.com

똑바로 일하라

제이슨 프라이드 · 데이비드 하이네마이어 핸슨 지음 / 값 14,000원

열심히만 하지 말고 '제대로' 일하라!

성과를 내고 싶다면 일의 개념부터 완전히 바꿔야 한다. 큰 계획보다는 작은 계획을 세워라, 회의는 성과의 독이다, 일중독자가 되지 마라! 우리가 흔히 알고 있는 일에 관한 고정관념들을 발칙하게 깨부수며 일과 성과에 관한 새로운 시각을 제시한다.

이 책을 무시하면 위험해 진다. _세스 고딘

꾸준함을 이길 그 어떤 재주도 없다

문용식 지음 / 값 14,000원

나우누리에서 아프리카TV까지

세 번의 대주주사 부도와 3년 누적적자 100억 원의 위기를 극적으로 턴어라운드시켜 9년 연속 흑자 행진을 하고 있는 나우콤 문용식 대표의 20년 경영 노하우.
대한민국은 건국 이후 60여 년 동안 너무 승자 독식의 정글자본주의 사회로 치달았다. 이제는 모두가 불안한 사회에서 벗어나야 한다. 함께 사는 길을 찾아야 한다.

우리는 천국으로 출근한다

김종훈 지음 / 값 15,000원

8년 연속 대한민국 훌륭한 일터상 수상!

출근하고 싶어 안달난 회사를 만들어라! 일터를 바꾸고 세상을 바꾸어라! 여기 한미파슨스의 사례는 직장을 천국으로 만드는 일이 반드시 불가능한 꿈만은 아니라는 증거가 된다. 100퍼센트 종업원 지주제, 2개월간 유급휴가 애플배케이션 제도, 이익보다 구성원이 우선인 회사!

한 조각의 상상력 아침미술관 1·2

이명옥 지음 / 각 권 값 16,000원

"나는 매일 아침 한 점의 그림을 읽는다!"

비즈니스에 감성을 더하는 Morning Art. 매일 한 점의 그림과 글을 감상할 수 있게 구성되었다. 한 권의 책에 담기 어려운, 동서고금을 넘나드는 다양한 도판은 참신한 기획으로 유명한 사비나미술관 관장의 초이스다.

설득의 심리학 ❶❷
로버트 치알디니 지음 / 각 권 값 12,000원

130만 독자를 사로잡은 '설득의 바이블'

'예식'는 정말 단순한 말이다. 하지만 동료, 고객, 소비자, 심지어 가족들에게 이 말을 듣기란 쉬운 일이 아니다. 적어도 설득 과정의 비밀을 알지 못한다면 거의 불가능하다. 이 책은 우리에게 강력하고 가치있는 설득의 비밀을 알려주는데 그치지 않고, 빠른 시간 안에 목표를 달성할 수 있도록 도와준다. ★ SERICEO 추천도서

칭찬은 고래도 춤추게 한다
켄 블랜차드 외 지음 / 값 10,000원

대한민국에 칭찬 열풍을 일으킨 화제의 책!

직장과 가정에 놀라운 변화를 이끄는 칭찬의 힘을 통해 성공적인 인간관계를 위한 기분 좋은 메시지를 전한다. 집안의 가장으로서, 회사의 간부로서 가족과 직원들에게 열정과 희망을 불러일으키고자 하는 사람들을 위한 훌륭한 지침서이자 안내서!

★ SERICEO 추천도서   ★ 교보문고 선정도서

프레임
최인철 지음 / 값 10,000원

협상, 나의 한계를 깨는 마음 경영법

이 책은 서울대 심리학과 최인철 교수가 들려주는, '지혜롭게 사는 법'을 담았다. 심리학에서 '세상을 바라보는 마음의 창'을 의미하는 '프레임'은 어떤 문제를 바라보는 관점, 세상을 관조하는 사고방식, 사람들에 대한 고정관념 등을 의미한다.

정갑영 교수의 만화로 읽는 알콩달콩 경제학 1·2
정갑영 글 · 박철권 그림 / 각 권 값 13,800원

출구전략이 도대체 뭐지? 도요타가 몰락한 이유는?

우리집 가계부가 튼튼해지는 경제상식을 만화로 읽는다.
주식, 부동산, 은행과 친해지는 실전 경제상식부터 우리가 사랑하는 영화와 드라마의 경제적 효과까지 한층 더 강력해진 내용으로 돌아온 세상에서 가장 쉬운 경제학 강의 두번째 시간!

21세기북스 트위터 @21cbook   블로그 b.book21.com   전화 031-955-2153   홈페이지 www.book21.com

세상에서 가장 특별한 만남

Good Morning
Children

잿빛 세상 속, 하루하루의 삶조차 벅찬 아이들
멍하니 하늘을 바라보며 웅크린 아이의
자그마한 어깨를 꼭 껴안아주었습니다.

'선생님이 되고 싶어요!' 라고
씩씩하게 말하던 아이는
이내 울음을 터트립니다.
자신의 꿈이 너무 멀게만 느껴졌을까요?

당신의 작은 마음이
굶주리고 고통받는 아이의
한 끼 식사가 되고,
한 권의 책이 되고,
한 알의 약이 되고,
내일을 꿈꿀 수 있는
'희망'의 메시지가 됩니다.

우리 결연할래요?
당신의 사랑을 기다리는 아이들이 있습니다.

굿피플 QR코드는 에그몬앱에서 최적화되어 있습니다.

| 굿피플 홈페이지 회원가입 | ▶ | 1:1 해외아동결연 신청 | ▶ | 아동 연결 | ▶ | 아동지원 및 지역개발지원 |

GOOD PEOPLE 굿피플

1:1 해외아동결연은 한 아동에게 매월 3만원을 정기후원하는 프로그램으로 아동의 생활개선,
기초교육지원, 영양공급 등 아동과 아동이 속한 지역사회를 밀착 관리하는 후원프로그램입니다.

굿피플 1:1 해외아동결연 신청 02)783-2291~3 www.goodpeople.or.kr
굿피플은 UN 경제사회이사회 특별협의지위 국제개발 NGO입니다.

제1장

달라진
비즈니스 환경에서
문제 해결하기

우리가 어떠한 문제를 해결하고자 할 때 가장 먼저 해야 할 일은 무엇이 문제인지를 정확히 파악하는 것, 그리고 그 문제의 원인이 무엇인지를 심도 있게 이해하는 것이다. 마켓센싱에서도 마찬가지다.

01

우리가 당면한
냉혹한 현실

직장 생활을 하든 개인 사업을 하든 취업을 준비하든, 우리는 맡은 바 업무에서, 사업 추진에서, 취업 준비 과정에서 다양한 스트레스를 받는다. 직장에서도 신입 사원은 신입 사원대로 임원은 임원대로 나름의 고민을 가지고 있다. 컨설턴트로서 컨설팅이나 교육을 통해 다양한 분을 접하면 아무래도 이러한 고민을 들을 기회가 많다. 많은 고민을 접하다 보면 고민이 환경과 함께 변화하는 것을 인식하기도 쉬워진다. 또한 모두들 자신만의 고민이라고 생각하지만, 여러 이야기를 듣다 보면 결국 유사한 유형의 고민을 가지고 있다는 것도 느끼게 된다. 저자가 마켓센 싱Market Sensing의 필요성을 절감한 것도 여기에서 출발한다.

이 장에서는 먼저 최근에 저자가 가장 많이 들었던 고민의 유형 몇 가지를 소개하고자 한다. 각각 유통 A 사에 근무하는 1년차 신입 사원,

식품 B 사에서 상품 개발을 담당하는 7년차 과장, 그리고 리조트 C 사고객 서비스 부서에서 근무하는 10년차 파트장의 고민이다. 이들의 고민은 언뜻 보면 회사에서 맡은 업무 유형에 따라, 직위에 따라 각각 다른 것처럼 보인다. 하지만 자세히 들여다보면 이들은 모두 회사에서 지금까지와는 전혀 다른 새로운 기획, 새로운 상품, 새로운 서비스를 요구받고 있으나 어떻게 접근해야 할지 명확하지 않다는 동일한 고민을 가지고 있다.

이것은 단순히 번뜩이는 아이디어, 창의적 아이디어를 내는 데 한계를 느끼는 것과는 조금 다른 문제다. 아이디어 이전에 새로운 기획, 새로운 상품, 새로운 서비스의 방향을 설정하는 것에서 가장 큰 고민을 느낀다. 지금까지 기업에서, 혹은 개인적으로 이러한 방향을 설정하는 데 활용해온 방법들로는 부족하다고 느끼는 것도 동일하다. 또한 기업에서 새로운 기획이 승인을 얻으려면 근거가 필요하다. 이는 단순히 창의적 아이디어로는 해결될 수 없는 문제다. 즉, 최근의 고민은 '뭔가 새로운 기획을 체계적 근거를 두고 접근하려면 어떻게 해야 할까? 또 이것을 어떻게 하면 조직 내에서 제대로 추진할 수 있을까?'라는 문제가 될 것이다. 그러면 세 가지 고민에 대해 좀 더 자세히 살펴보자.

유통 A 사, 입사 1년차 이신참 신입 사원의 고민

이제 입사한 지 1년 조금 안 되었어요. 요샌 워낙 취업이 어려워서 입사만 하면 뭐든 할 수 있을 것 같았어요. 회사에서도 저에게 거는 기대가 컸죠. 지금 근무하는 부서에 배정받으니 팀장님이 "엄청난 경쟁률을 뚫고 입사했으니 대단하다"라고 하시더라고요. 선배들도 "요즘 같은 경쟁률이면 나는 취업 못 했을 거다" 하시고……. 얼마 후 팀장님이 제 젊은 감각으로 요즘 트렌드에 맞는 새로운 기획안을 한번 내보라고 하셨어요. 그래서 나름대로 열심히 준비한다고 하긴 했는데……팀장님 기대에는 영 못 미친 모양이에요. 결국은 채택되지 못했죠. 취업하려고 어학 공부에 봉사 활동에 공인 시험 준비에 대학 생활 내내 정말 바쁘게, 열심히 살았는데……막상 회사에서 요즘 트렌드에 맞는 기획안을 써보라고 하니까 막막하고, 아무 근거 없이 기획안을 쓸 수도 없고, 어디서부터 어떻게 시작해야 할지 모르겠더라고요.

요즈음 신입 사원들과 만나서 취업 준비 과정에 대한 이야기를 들어 보면, 일찍 태어나길 잘했다는 생각이 절로 든다. 이들은 대학에 입학 해서부터 취업을 하기까지 다른 친구들과 자신을 비교하며 취업에 유리한 스펙을 쌓으려고 많은 시간과 노력을 들인다. 요즘에는 평균 대학 생활 기간이 5.7년이라고 한다. 군 복무 때문이 아니라 어학연수나 봉사 활동 등 스펙을 만들기 위해 3~4학년이 되면 기본 1~2년은 휴학을 해야 하기 때문이다. 예전과 같은 대학 생활의 낭만은 이제 캠퍼스에서 찾기 어려운 것이 되어버린 듯하다. 하지만 이 스펙이라는 것이 학점, 봉사 활동, 어학 인증, 실무 경험 등 분야는 다양하지만 결국 누구나 내용은 비슷비슷하다. 취업 준비생들 사이에서는 경쟁 요인이 되지만 막상 회사가 필요로 하는 업무 역량과는 거리가 있는 것이다. 그러하다 보니 취업 후 이들에게 무언가 창의적인 아이디어를 얻으려고 해도 한계가 있다. 창의적 기획을 하려면 남들과 비슷하지만 우월한 것이 아니라 남들과 다른 접근이 필요하기 때문이다. 문제는 여기에서 그치지 않는다. 창의적 기획이라는 것이 그냥 갑자기 머릿속에 떠오른 아이디어로만 해결되는 것은 아니기 때문이다. 개인 사업이라면 모르지만, 이러한 아이디어에 명확한 근거가 없다면 조직 내에서 인정을 받는 것이 더 문제다. 체계적 근거가 없다면 직속 상사까지는 어찌어찌 설득할 수 있을지 모르지만, 최종적으로 승인받는 것은 불가능에 가깝다.

사실 신입 사원만이 아니라 경력 몇 년차 대리라 하더라도 상황이 그리 다르지는 않다. 뭔가 새로운 것, 차별화된 것을 추진한다는 것이 말은 쉽지만 막상 하려면 막막하고 어디에서부터 어떻게 시작해야 할지 종잡을 수 없다. 또 어떻게 하면 체계적인 기획서를 써서 이를 최종적으로 재가받을 수 있을지도 모르겠다. 뭔가 지금까지와 다른 방법은 없을까?

식품 B 사 상품 개발 담당, 입사 7년차 김상품 과장의 고민

저희 회사는 신상품을 개발할 때 전 세계에서 제품을 수집한 후 국내에서도 먹힐 것 같은 제품을 골라서 성분을 연구하고 제품화하는 방식으로 진행해왔어요. 이런 방식으로 회사 입장에서는 크게 노력하지 않고도 충분히 대형 히트 상품을 만들어낼 수 있었어요. 저희 회사만 그런 건 아니고, 이 분야 기업 대부분에서 전에는 신상품을 기획하려고 하면 몇 명이 일본이나 미국으로 출장을 다녀오곤 했으니까요. 그런데 이제 이런 방식으로 시장에서 히트할 확률은 점점 낮아지고 있어요. 요새는 해외 조사도 거의 안 나가요. 갈 필요가 없어졌어요. 우리 기업 수준이 높아져 해외에 나가도 그다지 쓸 만한 제품이나 정보를 얻을 수 없으니까요. 또 기존 방식으로 상품을 출시한다고 해도 고객들이 별로 새롭다고 생각을 안 해서인지 크게 매출이 올라가지 않고, 그러면 유통에서는 바로 진열대에서 빼자고 하죠. 그러면 임원들은 또 신상품을 개발하라고 하고……. 악순환이에요. 저희 회사에서 일주일에 한 개 이상 신상품을 내놓는데 1년 후에 살아남는 건 몇 개 안 돼요. 그러다 보니까 비슷비슷한 제품만 유통되고, 결과적으로 매출은 크게 오르지 못하고 이익률도 떨어지는 상황이 계속되고 있어요. 해외 벤치마킹으로는 이제 분명히 한계가 있습니다.

회사에서는 독특한 제품을 내놓으라고 하는데 어찌해야 할지……. 고객이 뭘 원하는지를 파악하라고 하는데 사실 연구원들은 직접 고객을 만날 기회가 없어요. 그래서 회사에 있는 고객 조사나 VOC˚ 자료를 활용하려고 보면, 기존 제품이나 서비스에 대한 문제점이 대부분이어서 그 자료로 상품을 개발해놓으면 기존 상품이 개선은 되지만 새로운 상품으로 히트할지는 알 수 없어요. 고객 니즈의 변화를 기반으로 상품 개발을 해야 한다고들 하는데 그걸 어떻게 상품 개발에 접목시킬 것인가가 문제죠. 회사에서도 이런 방식으로 상품 개발을 진

˚ **VOC(Voice of Customer)** : 직역하면 '고객의 소리'라고 할 수 있다. 고객의 불평이나 불만뿐만 아니라 칭찬, 제안, 문의 등을 포함하는 개념이다. 고객의 세부적인 니즈를 상세히 파악하는 고객 조사 방법의 하나다.

행한 경험이 거의 없다 보니 저도 엄두가 안 나요.

기업의 R&D^{Research & Development : 연구개발} 부문이나 마케팅 부문에서 상품 개발 업무를 담당하는 직원들의 경우, 요즈음 새로운 상품, 새로운 시장을 창조해야 한다는 스트레스가 이만저만이 아니다. 환경이 빠르게 변화하면서 신상품의 성공 가능성에 대해서도 점점 더 확신이 없어진다. 해외 벤치마킹으로 상품을 개발하던 시절에는 상품을 만들어내기도 쉬웠고 내부에서 재가를 받는 데도 크게 무리가 없었다. 임원들도 해외에서 성공했다고 하면 이의를 제기하지 않고 투자 결정을 내려주었다. 하지만 이제 벤치마킹의 효용성이 떨어지다 보니 상품을 개발하는 것은 물론이고 내부에서 재가를 받는 것도 쉬운 일이 아니다. 고객의 눈높이도 너무 높아 해외에서 히트하는 제품을 이미 알고 있고, 비슷한 상품을 내놓으면 고객이 먼저 어떤 제품의 유사품인지도 알아서 인터넷에 바로바로 정보가 올라온다. 회사 내의 고객 조사 자료나 시장 동향 자료는 딱히 도움이 되지 않는다.

이러하다 보니 개발자 입장에서는 무엇을, 어떻게, 어디서부터 시작해야 할지 막막한 것이 현실이다. 김상품 과장은 사랑받는 상품을 만들기 위해 더 이상 해외 벤치마킹도 의미가 없어지고 고객 조사를 활용하는 것에도 한계가 있다고 느낀다. 고객과 시장의 변화 속에 새롭게 부상할 가까운 미래는 어떤 것일까? 고객은 무엇을 원하는 것일까? 단순히 새로운 것이 아니라 고객이 원하는 새로움은 어떻게 찾아야 할까?

상품 개발만큼이나 기업에서 고객의 니즈에 민감한 조직이 고객 만족

부서일 것이다. 고객 만족 활동은 1992년 KCSI* 조사, 1998년 NCSI**
조사가 시작된 이래 기업 간의 품질 경쟁처럼 주요 경쟁 요인 중 하나로
진행되었다. 초기 고객 만족 부서는 고객의 불만을 처리하는 것을 주 업
무로 시작했다. 하지만 10여 년이 지난 현재는 단순히 불만 사항을 처
리하는 것을 넘어서서 고객을 만족시켜 재구매, 타인에 대한 추천까지
이끌어내기 위해 CRM***이나 마케팅 활동과 연계하며 차별성과 실행
력을 높이려고 노력하고 있다. 이러하다 보니 고객 만족 담당의 고민도
한층 심화되고 있다.

리조트 C 사 고객 서비스 담당, 입사 10년차 나고객 파트장의 고민

매년 만족도 조사를 하고 있습니다. 조사 결과가 나오면 전년 대비 점

수가 내려갔는지 올라갔는지에 모든 임원이 긴장합니다. 지점별로도

점수를 가지고 경쟁합니다. 살벌하죠. 그리고 전년 대비, 경쟁 대비

• **KCSI(Korea Customer Satisfaction Index)** : 국내 산업의 각 산업별 상품과 서비스에 대
한 고객의 만족 정도를 나타내는 지수다. 1992년 KMAC에서 개발했으며, 이후 매년 조사를 진행하
여 결과를 발표한다.

•• **NCSI(National Customer Satisfaction Index : 국가고객만족도지수)** : 1998년부터 한국
생산성본부에서 매년 조사를 진행하여 결과를 발표한다. 국내외에서 생산하여 국내 최종 소비자에게
판매되는 제품 및 서비스에 대한 만족 수준을 계량화한 지표다.

••• **CRM(Customer Relationship Management : 고객관계관리)** : 고객과 관련된 기업의 내
부/외부 자료를 분석하고 통합하여 고객 특성에 기초한 마케팅 활동을 계획하고 지원하며 평가하는
과정이다. 일반적으로 고객 데이터의 세분화를 실시하여 각 고객 집단별 전략을 구사하는 데 활용
된다.

떨어진 부분에 대한 대안을 마련합니다. 하지만 내용을 들여다보면 "객실이 너무 어두워요", "주변에 놀 만한 시설이 없어요" 등 접점에서 친절만으로 해결할 수 없는 요구 사항이 많습니다. 그래도 조사 결과에 따른 대안이 저희 부서에서 나와야 하기 때문에 "객실이 어두운 이유를 긍정적인 내용으로 사전에 설명하세요"라든가 "외부에서 아르바이트를 고용해서 이벤트를 만들어 제공하자" 등 부서 차원에서 할 수 있는 방법을 찾을 수밖에 없습니다. 고객의 요구를 모르는 것은 아니지만, 문제를 해결하려면 막대한 자원이 투자되어야 하는 일을 저희 부서가 단독으로 어쩔 수 없는 거죠.

사실 이러한 고민은 단순히 고객 만족도 조사만의 이야기는 아닐 것이다. 기업에서는 나름대로 고객의 니즈를 파악하려는 조사를 하거나 시장 정보를 얻으려는 활동을 진행한다. 그러나 이러한 조사 결과 드러난 문제점을 해결하는 단계에서는 해당 부서에 국한된 시각으로 접근할 수밖에 없다. 시장의 변화와 고객의 니즈를 파악했다고 하더라도 이에 대한 대응은 단편적으로만 진행되는 것이다. 발견된 고객 니즈를 근본적으로 해결하려면 자원이 투자되어야 하지만 이러한 투자가 매출 증가로 연결될 수 있을지에 대해서는 확실하지 않기 때문에 의사결정자들은 이 일을 묵과하는 경우가 많다. 따라서 근본적인 해결이 아닌 담당자, 담당 부서 선에서 대응안이 마련된다. 즉, 기업이 이미 가지고 있는 자원을 재활용하는 관점으로만 수습책이 마련된다. A 부서에서 조사한 결과 해결안은 A이고 B 부서에서 조사한 결과 해결안은 B로, 고객 입장에서는 근본적인 해결이 아닌 부서별 업무 추진 사항 정도로만 국한되는 아쉬운 사례들이 있는 것이다. 그러하다 보니 고객은 여전히 '이 회사는 고객을 너무 몰라. 서비스를 개선한다고 해도 별로 변화가 없어. 좀 색다른 곳은 없나?'라는 생각을 하게 된다. 어떻게 하면 이러한 문제를 해결할 수 있을까?

세 사람의 고민을 구체적으로 살펴보면서 자신의 고민과 비슷한 부분도 있고 조금 다른 부분도 있다고 느꼈을 것이다. 하지만 앞서 설명한 바와 같이 결국 근본적인 고민은 '뭔가 새로운 기획을 체계적 근거를 두고 접근하려면 어떻게 해야 할까? 또 이것을 어떻게 하면 조직 내에서 제대로 추진할 수 있을까?'라는 문제가 될 것이다.

물론 이러한 고민은 직원들에게만 있는 것이 아니다. 임원이나 경영진은 오히려 더 큰 고민을 가지고 있다. 조직의 매출과 이익을 책임진 입장에서는 더 많은 고민이 있을 수밖에 없을 것이다. 빠른 변화 속에서는 실패에 따른 위험부담도 크기 때문에, 빠르지만 신중한 의사결정을 내리고는 싶으나 어떤 근거로 판단을 내려야 할지 혼란스럽다. 그러는 사이 기존 사업에서의 실적과 임원으로서 달성해야 하는 목표 사이의 간극은 갈수록 더 커져간다. 이 간극을 돌파하려면 뭔가 새로운 것이 필요한 듯한데 기존에 기업에서 수집한 자료는 신속하면서도 신중한 의사결정을 내리는 데 도움이 되지 못한다. 단순히 해오던 일의 연장선이라면 어떻게 해보겠는데 전혀 다른 방향으로 진행되어야 하는 신사업 추진에 대한 정보는 어떻게 얻어야 할까? 갈수록 터무니없는 요구 사항만 늘어놓는 고객의 욕구를 어찌 채우고 매출까지 증대할 수 있을까? 이렇듯 기존 사업과 축을 달리하는 요구 사항을 파악해내고 이런 방향을 입증할 자료를 왜 기업에서는 얻기 어려울까?

이처럼 기업의 많은 담당자, 관리자, 임원이 이야기하는 공통의 고민을 해결하려면 어떻게 해야 할까? 이러한 문제를 해결하려면, 병을 치료하기 전에 진찰을 받아 병명을 명확히 밝혀내는 것처럼, 먼저 문제의 근본 원인을 명확히 살펴보는 일이 필요하다.

02
비즈니스 환경 변화의 원인 분석

기업이나 개인이 느끼는 이러한 문제의 원인은 먼저 시장과 고객을 포함한 기업 환경의 변화에서 찾을 수 있다. 사업 영역 대부분이 성숙기에 접어들어 경쟁이 치열해졌으며, 국내 기업 간의 경쟁을 넘어 글로벌 경쟁의 양상을 보인 지 오래다. 이러한 경쟁 환경 속에서는 남들과 비슷한 상품이나 서비스로는 고객에게 새롭다거나 차별된다는 느낌을 줄 수 없다. 기존의 제품이나 서비스와는 확연히 다른 것, 고객이 지금까지 경험하지 못했지만 자신의 니즈에 맞는다고 느낄 무엇을 제공해야 새로운 시장을 창출할 수 있다.

두 번째 원인은 이러한 환경 변화에 대응하는 기업의 대응 방식에서 찾을 수 있다. 빠르고 다이내믹하게 변화하는 환경에 대해 지금까지 기업들이 대응하지 않았던 것이 아니다. 인적 역량을 높이기 위한 교육,

프로세스 혁신, 첨단 시스템 도입 등 오히려 엄청난 노력과 자원을 혁신 활동에 투입해왔다. 그럼에도 여전히 고객은 기업이 제공하는 상품이 진부하다고 느낀다. 문제는 대응을 위한 노력과 자원의 양이 아니라 대응 방식에 있다. 지금까지의 혁신 활동은 시장과 환경의 변화 속도나 변화 방향을 읽어내고 이에 대해 적극적 · 장기적으로 대응하는 것에 아예 초점을 두지 않았거나, 혹은 초기에는 변화의 방향을 읽어냈다고 해도 혁신 활동의 진행 과정에서 초기의 초점이 흐려져 결국은 현재 체계의 부분적인 문제점을 해결하는 것으로 끝나버렸다. 또한 변화의 방향에 대응하는 혁신 활동의 필요성을 인식했다고 해도 기존에 이미 투자된 설비, 기존 조직 구조 등 내부 차원의 효율성과 안정성을 고려하다 보니 결국에는 혁신 활동이 계획대로 수행되지 못하고, 심지어 변화의 방향 자체를 왜곡하여 수습 차원에서 일이 진행되는 등 주객이 전도되는 상황조차 벌어진다. 상황이 이러하다 보니 고객의 변화와 기업의 대응 간에는 계속해서 틈이 벌어지는 문제가 발생하게 되었다.

사실, 기업이 시장과 환경의 변화 속도나 변화 방향에 적극적으로 대응하려면 고객 니즈를 선제적으로 파악할 필요가 있다. 고객 스스로가 자신의 니즈를 인식하고 이를 표출하는 경우에는 기업이 이에 대응했을 때, 즉 니즈에 맞는 상품이나 서비스를 제공했을 때, 시장에서 이미 경쟁자가 대응을 했거나 고객 관점에서는 당연히 기업이 제공해야 하는 것이 이제야 실현되었다고 생각되어서 고객에게 감동을 주고 새로운 시장을 창출하는 데 한계가 있다. 빠른 환경 변화에 기업이 겨우 쫓아가는 상황인 것이다. 이와 반대로 기업이 새로운 시장을 창출하고 고객에게 새롭다거나 차별된다는 느낌을 주려면, 기업이 고객들도 인식하지 못하는, 또는 어렴풋이 인식하지만 이를 구체적으로 표현하지 못하는 잠재된 니즈를 파악하여 이에 대응하는 가치를 제공해야 한다. 기업이 환경 변화를 쫓아가는 것이 아니라 오히려 환경 변화를 앞장서 끌고 나가는 것이다.

세 번째 원인은 기업이 수집하는 정보의 한계다. 기업이 현재 파악하고 있는 고객 니즈나 시장에 대한 정보는 주로 기존의 자사 사업 영역 또는 상품에 대해 고객이 현재 인식하는 불만이나 개선 아이디어, 즉 표출된 니즈나 시장에서 이미 발생된 경쟁 관련 정보다. 그러하다 보니 기존 상품이나 사업 영역에서 드러난 문제점을 해결하는 개선안은 만들어질 수 있으나, 고객이 표현하지 않았지만 앞으로 새롭게 발생할 잠재 니즈를 파악하는 데에는 한계가 있다.

마지막 원인은 정보의 제한된 활용, 혹은 조직 간 정보의 단절이다. 현재 기업에서는 R&D, 기획, 마케팅 등 각각의 조직이 시장과 고객의 니즈나 경쟁 정보를 나름대로 다양하게 수집하고 있다. 하지만 각각의 조직이 자신들이 필요한 범위 내에서 제한적으로 정보를 수집할 뿐만 아니라 각각의 역량 내에서 이를 분석하고 각각의 부문 내에서 활용해 온 것이 현실이다. 각 부문 간 정보의 공유가 있다고 해도 각각의 부문에서 필요하다고 생각하는 범위 내에서만 이루어진 것이다. 실제로 컨설팅을 수행하고자 기업 내 다양한 조직에 흩어져 있는 정보를 수집해서 통합적인 분석을 진행한 다음 그 결과를 제시하면, "우리 회사에 이런 자료가 있었나요?"라는 반응을 얻는 경우가 많다.

새로운 시장의 창출은 R&D 부문에서 단독으로, 기획 부문에서 독자적으로, 또는 마케팅 부문에서 혼자 대응해서 해결할 수 있는 문제가 아니다. 기업 전체 차원에서 대응해야 할 문제인 것이다. 따라서 각각의 조직이 아닌 기업 전체 관점에서 시장과 고객에 대해 더욱 확대된 정보를 지속적으로 수집·분석·공유하여 기업 전체 관점에서 시장 변화에 대한 통찰력을 갖고 대응하는 것이 필요하다.

03
시장과 고객의 변화, 마켓센싱으로 해결하자

이처럼 시장과 고객의 변화를 이해하고 잠재되어 있는 미래에 발생할 시장 변화를 읽어내려면, 시장과 고객의 변화를 선제적으로 읽고 이를 시장 창출 관점에서 활용할 수 있는 마켓센싱 체계를 갖추는 것이 필요하다. 이로써 기존의 문제점 개선을 뛰어넘어 떠오르는 새로운 사업 기회를 파악하거나 상품/서비스의 개발 기회를 확보할 수 있을 것이다. 또한 R&D나 기획 조직뿐만 아니라 기업 내 조직 전체가 시장과 고객에 대해 확대된 정보를 수집하고 공유함으로써 전반적인 성과를 높일 수 있을 것이다.

개인 관점에서도 기업 환경의 변화에 따라 개인의 역량에 대한 기업의 요구 사항이나 기대치가 변화하고 있다. 따라서 조직 내에서 경쟁력을 갖추고 다른 사람과 차별화하려면 시장의 변화를 감지하고 통찰력을 발휘하여 이에 대응할 수 있는 마켓센싱 역량을 갖추는 것이 필요하다. 더 나아가 평생직장의 개념이 사라진 요즈음 개인이 기업을 떠나 자생력을 갖기 위해서도 이러한 역량을 반드시 갖추어야 한다.

2장에서는 마켓센싱 방법을 구체적으로 설명하기 전에 마켓센싱의 개념에 대해 좀 더 자세히 알아보고, 현재 우리의 마켓센싱 역량을 점검해보기로 한다.

 기업의 정보 수집 및 활용

앞서 설명한 것처럼 기존에 기업에서 시장과 고객에 대한 정보를 파악하지 않았던 것은 아니다. 하지만 각각의 부문에서 자신들의 업무에 필요한 정보를 수집한 결과, 기업 전체 차원에서는 정보가 중복되는 경우도 있고, 정작 필요한 정보는 어디에서도 찾을 수 없는 경우도 발생한다. 또한 정보를 활용하는 데에서도 각 부문별로 수집된 정보가 서로 공유되거나 통합적으로 활용되지 못하고 단절되어 있다. 각각의 부서는 자신들이 수집한 정보에만 근거해서 의사결정을 내린다. 당연히 동일한 시장에 대해 부서별 해석이 다르게 나타나는 일도 드물지 않다.

이러한 접근으로는 기존 사업 영역이나 상품 내에서의 고객 변화나 시장 변화에 따른 대응은 어느 정도 가능하다. 하지만 기존 사업이나 상품 영역이 아닌, 지금까지 진행하지 않았던 새로운 비즈니스 차원의 대응은 어렵다. 구성원들은 새로운 것을 추진해야 하긴 하는데 그

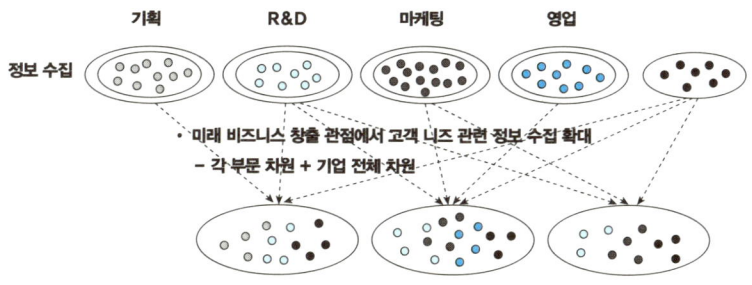

신규 비즈니스 차원의
니즈 대응

근거가 될 정보를 어디에서도 구할 수 없다고 느끼게 되는 것이다.

그렇다면 어떻게 해야 할까? 먼저 각 부문 차원이 아니라 기업 전체 관점에서 수집해야 할 정보를 통합적으로 관리하는 체계를 구축해야 한다. 이 과정에서 조직 간에 중복되는 정보를 정리하고, 신규 비즈니스 창출 관점에서 추가적으로 각 부문이 수집해야 할 정보 혹은 각 부문 차원을 넘어 조직 전체 관점에서 수집해야 할 정보를 추가한다. 또한 이렇게 수집된 정보에 대해서는 각 부문별로 필요한 정보의 분석뿐만 아니라, 신규 비즈니스 창출, 신규 투자 등 조직 전체 관점에서의 의사결정에 필요한 정보의 분석 및 검증도 체계적으로 이루어진다(구체적으로 어떻게 정보를 수집하고 분석할지에 대해서는 4장에서 6장에 걸쳐 다루고 있다).

　이러한 정보 수집 및 활용을 체계화함으로써 기존 사업과 상품 영역에 제한되지 않는 신규 비즈니스에 비로소 대응할 수 있을 것이다.

우리는 무엇이 문제라고 느끼는가?

몇 가지 사례를 통해 우리가 갖고 있는 고민을 알아보았다. 그리고 그 고민의 구체적인 내용은 다양하지만 근본적으로는 '뭔가 새로운 기획을 체계적 근거를 두고 접근하려면 어떻게 해야 할까? 또 이것을 어떻게 하면 조직 내에서 제대로 추진할 수 있을까?'라는 문제라는 것을 파악했다.

문제의 원인은 무엇인가?

문제 해결의 기본은 먼저 원인을 파악하는 것이다. 1장에서 설명한 문제의 원인을 요약하면 다음과 같다.

1. 기업 환경의 변화
   - 시장의 성숙, 경쟁의 심화
   - 상품과 서비스를 통해 고객에게 새롭다거나 차별된다는 느낌을 주기 어려움
2. 기업의 미숙한 대응
   - 대응 방향 설정에서 드러나는 문제
   - 내부적 효율성과 안전성 고려에 따른 문제
3. 시장/고객의 변화에 대한 정보 수집의 한계
   - 기존의 상품/사업 영역에 관련된 정보의 수집에 그침
   - 고객의 잠재된 니즈에 대한 정보기 수집되지 못함
4. 정보의 제한적 활용
   - 조직 간 정보의 단절
   - 각각의 조직 차원에서 시장/고객에 대한 정보가 수집 · 분석 · 활용됨

제2장

마켓센싱이란 무엇인가

1장에서 마켓센싱 체계를 갖춰야 할 필요성을 알아보았다. 하지만 아직은 마켓센싱이라는 개념이 우리에겐 생소하게만 느껴진다. 2장에서는 마켓센싱의 개념에 대해 좀 더 자세히 알아보고, 나의 마켓센싱 역량과 함께 우리 회사의 마켓센싱 역량도 점검해보자.

01
마켓센싱의 개념

흔히 "저 사람은 참 감각이 뛰어나다"라는 표현을 사용한다. 자신의 체형에 맞으면서도 트렌드에 맞는 옷을 선택하여 개성을 잘 표현하는 사람에게는 "패션 감각이 뛰어나다"라고 하고, 무언가 다른 관점에서 어떠한 현상이나 의도를 표현함으로써 상대방에게 정신적 자극을 일으켜 즐거움과 웃음을 유발할 줄 아는 사람에게는 "유머 감각이 뛰어나다"라고 한다. 이때 '감각'은 외부의 정보를 파악하고 이를 적극적으로 활용하는 능력을 의미한다. 즉, 센싱Sensing이란 기본적으로 감지Sense와 반응Respond을 의미한다.

비즈니스에서도 마찬가지다. 시장과 고객에 대한 정보를 파악하고 이를 적극적으로 새로운 비즈니스 기회, 새로운 시장 창출의 기회로 활용하는 조직이 있는가 하면 그렇지 못한 조직이 있다. 개인도 이러한 감각에서 차이를 보인다. 어떤 사람은 환경 변화를 빠르게 감지하여 이를 기업 내에서나 개인의 사업에 활용하여 조직에서 인정받거나 사업에서 성공을 얻는 반면 그러지 못한 사람도 있다. 기업이든 개인이든, 환경이 빠르게 변화하는 지금, 성공하려면 이러한 변화를 빠르게 파악하고 신속하게 대응할 수 있는 감각, 즉 마켓센싱이 중요해졌다.

마켓센싱은 인간의 감각 구조처럼 비즈니스 상황에서 시장과 고객의 변화에 대한 다양하고 복잡한 정보를 민감하게 파악하고 문제 해결 관점과 미래 비즈니스 관점으로 분석·활용하는 능력으로 정의할 수 있다. 개인에게서는 정보를 파악하는 능력과 파악된 정보를 분석하고 활용하는 능력을 의미하며, 조직에서는 이러한 능력이 발휘되도록 관련 조직별 역할Role & Responsibility과 운영 시스템을 갖추는 것을 포함하는 개념이다.

패션 감각이 뛰어난 사람, 유머 감각이 뛰어난 사람은 그렇지 못한 사람들에 비해 어떠한 특징을 가지고 있을까? 이들의 감각은 노력에 의한 것이라기보다는 타고난 육감 또는 직감에 의한 것일까? 하지만 육감이나 직감도 온전히 타고나는 것이라기보다는 장기간에 걸쳐 고심한 노력의 성과이며, 평소의 학습·연구·경험의 축적에서 나온다는 것에 주목할 필요가 있다. 패션 감각, 유머 감각이 뛰어난 사람들은 평소에 의도적으로 다양한 정보를 수집하거나, 의도적이지는 않더라도 다양한 정보에 노출되며 이것을 자신에게 맞게, 상황에 맞게 활용하는 능력을 가지고 있다. 그뿐만 아니라 이를 경험을 통해 향상시켜나간다.

마켓센싱에서도 마찬가지다. 마켓센싱 역량의 차이는 단순히 타고나는 것이 아니다. 마켓센싱 역량이 뛰어난 사람이나 조직은 먼저 센싱을 위해 파악하는 정보의 양에서 차이가 있다. 여기에서 정보란 고객의 표출된 니즈뿐만 아니라 잠재적 니즈에 대한 정보, 이러한 니즈 변화에 영향을 주는 트렌드 정보, 경쟁 정보 등을 포함한다. 먼저 이러한 정보를 얼마나 적극적으로 파악하고 수집하느냐가 마켓센싱 능력의 차이를 가져온다. 또한 동일한 양의 정보를 수집하더라도 개인에 따라, 조직에 따라 이를 분석하고 활용하는 방식에는 차이가 있다. 같은 정보에 대해서도 어떤 사람은 유용한 시사점을 도출하고 어떤 사람은 아무런 시사점도 도출하지 못한다.

조직에서는 수집된 정보를 유용하게 분석하고 활용하기 위해 각각의 관련 조직의 역할이 명확하게 규정되어 있어야 한다. 그래야 이를 기반으로 정보 공유 및 활용 관점에서 조직 간 협업이 제대로 이루어질 수 있다.

02
기존 마케팅과
차별화된 마켓센싱

마켓센싱이라는 개념은 기존에는 존재하지 않았던, 새롭게 등장한 개념일까? 사실 그렇지는 않다. 어찌 보면 시장과 고객의 니즈를 파악하고 이를 기반으로 전략과 실행 방안을 수립하는 것은 마케팅에서는 기본 중에 기본이다. 그렇다면 마켓센싱이 기존 마케팅Marketing과 구별되는 차이점은 무엇일까? 한마디로 말하자면, 마켓센싱은 기존 마케팅보다 더 전향적前向的이고 적극적인 개념이다. 기존 마케팅과 마켓센싱 모두 자사나 경쟁사가 기존에 고객에게 제공하지 않았던 가치를 제공하고자 한다는 측면에서는 동일하다. 하지만 〈그림 2-1〉에서 보는 것처럼 기존 마케팅이 고객이 표출하는 니즈에 대응한다면, 마켓센싱은 고객이 표출하는 니즈는 물론 아직 고객이 구체적으로 인식하지 못하거나 인식하더라도 표출하지 못하는 잠재 니즈까지 파악하여 대응한다는 점

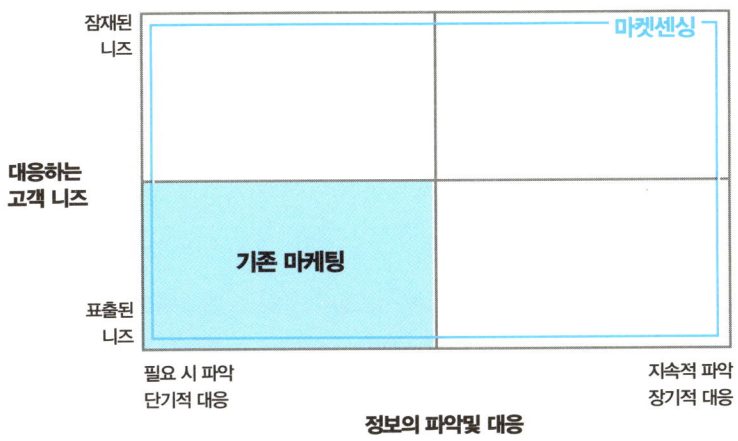

잠재된
니즈

마켓센싱

대응하는
고객 니즈

기존 마케팅

표출된
니즈

필요 시 파악   지속적 파악
단기적 대응   장기적 대응

정보의 파악및 대응

〈그림 2-1〉 기존 마케팅과 마켓센싱의 차이

에서 차이가 있다. 따라서 마켓센싱은 고객의 잠재적 니즈에 대응하는 전향적이고 적극적인 개념이다.

또한 기존 마케팅에서는 시장과 고객에 대한 정보 파악 및 이에 기초한 대응이 각 부문별로 필요한 시점에 정보를 파악하고 분석하여 기존 상품과 서비스의 개선, 프로모션 방안 기획 등 각 부문별로 단기적 대응을 하는 데 그쳤다. 반면 마켓센싱에서는 시장과 고객에 대한 정보를 전체 조직 차원에서 지속적으로 파악하여 단기 대응은 물론 신사업 추진과 같은 장기적 대응까지 포함한다는 점에서 큰 차이가 있다.

기존 마케팅과 마켓센싱의 차이는 기본적으로 각각 직면하는 기업 환경의 차이에서 비롯된다. 기존 마케팅이 비교적 안정적인 변화 속에서 추진되었다면, 마켓센싱은 앞서 설명한 바와 같이 좀 더 역동적이고 빠른 변화를 배경으로 한다. 특히 IT 기술의 발달에 따른 매체 환경의 급격한 변화는 제품, 서비스 등에 대한 정보의 차이를 기반으로 한 기업과 고객 간의 힘의 구조조차 바꿔놓는 전면적 변화를 가져와 마켓센싱의 중요성을 더욱 부각시켰다.

경쟁도 갈수록 치열한 양상을 보이면서 이제 기존과 같이 고객을 만족시키는 정도로는 경쟁자를 제치고 앞서갈 수 없게 되었다. 그뿐만이 아니다. "내가 고객을 만족시키는 정도면 돼"라고 안주하고 있을 때 경쟁자가 고객 만족을 넘어 고객을 감동시키는 수준의 제품이나 서비스를 제공하면, 시장에서 자사의 위치는 눈 깜짝할 사이에 추락한다. 고객 만족을 넘어 고객이 감동하는 수준까지 자사가 제공하는 가치를 끌어올리려는 끊임없는 노력이 없다면 시장에서 도태되는 것이다. 이를 위해서는 고객의 표출된 니즈뿐만 아니라 잠재 니즈까지도 파악하여 고객이 '혁신적이다', '지금까지 없었던 새로운 것이다'라고 감탄할 뿐만 아니

〈표 2-1〉 기존 마케팅 대 마켓센싱

구분	기존 마케팅	마켓센싱
기업 환경	안정적 변화	역동적이고 빠른 변화
추진 목적	고객 만족	고객 감동
사업 영역	기존 사업 또는 상품 영역	신규 사업 또는 상품 영역
대응 고객 니즈	표출된 니즈	표출된 니즈 + 잠재 니즈
시장/고객 정보 파악	필요 시, 각 조직별로	지속적, 조직 전체 관점에서
시장 변화 대응	단기적 대응	장기적 대응
제공 가치	기존 제공 가치의 개선	혁신적 가치

라, 자신의 니즈에 딱 맞아떨어져 '내가 원하던 게 바로 이거야'라고 무릎을 칠 수 있는 가치를 제공해야 한다.

마켓센싱을 이해하는 데에서 한 가지 의문이 들 수 있다. 그렇다면 마켓센싱은 신규 사업 또는 신상품의 기획 단계에서 활용하는 정보를 양적·질적으로 확대하고, 이를 기반으로 정보를 체계적으로 분석하고 활용하는 것만을 의미하는 것인가? 즉, 신규 사업 또는 신상품 개발의 초기 단계에만 관계되는 것인가? 사실 그렇지는 않다. 마켓센싱에서는 오히려 더 통합적 관점에서 접근하는 것이 강조되어야 한다.

앞서 설명한 것처럼 기존에 기업에서는 R&D는 R&D대로, 기획은 기획대로, 마케팅은 마케팅대로 각각 시장과 고객의 변화에 대한 정보를 파악하여 활용해왔다. 다른 부문도 예외는 아니다. 영업은 영업대로, CS는 CS대로 나름의 노력을 기울여온 것이 사실이다. 마켓센싱에서는 특정 부문이 아니라 조직 전체 관점에서 시장과 고객의 변화에 대해 수집한 정보들이 모아지고 단편적이 아닌 통합적인 분석이 이루어질 때, 기업에 혁신적일 뿐만 아니라 고객 관점에서도 새로운 가치를 도출하고 새로운 비즈니스 기회를 창출할 수 있다고 전제한다. 따라서 마켓센싱은 조직의 특정 부문에 속한 사람들만 갖추어야 하는 역량이 아니다. 조직 구성원 모두가 기본적인 역량을 갖추고, 조직 차원에서 이러한 역량을 뒷받침할 인프라를 갖추어야 할 것이다. 이렇게 개인은 물론 조직 차원에서 마켓센싱 역량을 갖추었을 때 비로소 빠르게 변화하는 시장 환경에서 개인과 기업 모두 지속적인 성장과 성공을 이룰 수 있기 때문이다.

03
나의 마켓센싱 역량 점검하기

그렇다면 현재 나의 마켓센싱 역량은 어느 정도 수준일까? 다음의 마켓센싱 역량 체크리스트를 통해 개인 차원에서 얼마나 마켓센싱 역량을 갖추고 있는지 알아보자.

마켓센싱 역량 체크리스트의 항목은 센싱 정보 수집, 센싱 정보 분석, 센싱 정보 활용으로 구분되어 있다.

'센싱 정보 수집' 관련 항목은 마켓센싱을 위해서는 먼저 트렌드, 경쟁, 고객에 대한 다양한 정보의 수집이 선행되어야 하며 이러한 정보

수집을 할 때의 양적·질적 차이가 센싱 역량의 차이를 가져온다는 점에서 구성되었다. 센싱 정보 수집은 (1) 트렌드 관련 정보 수집, (2) 고객의 표출된 니즈 수집, (3) 고객의 잠재 니즈 파악, (4) 다양한 채널 활용, (5) 정기적 정보 수집의 다섯 가지 역량으로 구성된다. (1)부터 (3)까지는 수집하는 정보의 종류, (4)와 (5)는 정보 수집의 방법과 관련된 역량이다. 트렌드 관련 정보 수집은 마켓센싱을 통해 고객보다 한발 앞서가려면 꼭 필요한 역량이다. 트렌드의 변화는 고객의 태도 변화와 요구 사항의 변화를 가져와 결과적으로 구매 행동의 변화를 가져오기 때문이다. (2)와 (3)은 구체적인 고객의 니즈 수집과 관련된 역량으로, 고객의 니즈가 이미 표출된 니즈인지, 아니면 말이나 행동 등으로 표출되지 못하고 잠재된 니즈인지에 따라 구분되었다.

'센싱 정보 분석'에서는 수집된 정보에 대해 얼마나 체계적·적극적으로 분석하는지를 점검한다. 구체적으로는 수집한 정보의 공유, 정보에 대한 분석적 접근, 그리고 정보의 체계적 관리로 구분된다.

마지막으로 '센싱 정보 활용'에서는 수집하고 분석한 정보를 실제 나의 업무에, 또는 나의 사업에 얼마나 반영하고 있는지를 점검한다. 분석 정보에 대한 검증과 분석 정보의 의사결정에 대한 활용으로 구분된다.

그러면 다음에 제시하는 체크리스트 항목에 따라 각자의 마켓센싱 역량을 점검해보자.

마켓센싱 역량 체크리스트

다음 각 항목에서 상중하의 구분을 읽고 귀하의 현재 상황에 가장 잘 맞는 칸에 표시하십시오.

〈센싱 정보 수집〉

1. 트렌드 관련 정보 수집

상 : 나는 매주 평균 2시간 이상을 사회 전반이나 소비 트렌드 또는 나의 업무 관련 트렌드 정보를 수집하는 데 할애한다. ☐

중 : 나는 매주 평균 1~2시간을 트렌드 정보 수집에 할애한다. ☐

하 : 나는 트렌드 관련 정보 수집의 필요성은 인식하나 실질적으로 정보 수집에 거의 시간을 할애하지 못한다. 또는 나는 굳이 트렌드 정보를 수집해야 할 필요성을 느끼지 못한다. ☐

2. 고객의 표출된 니즈 수집

상 : 나는 나의 업무와 관련하여 고객이 말이나 글, 점수로 표현하는 니즈를 파악할 수 있는 정보 수집 채널을 5가지 이상 알고, 이를 활용한다. ☐

중 : 나는 고객이 표출하는 니즈를 수집할 수 있는 채널을 2~5가지 정도 알고, 이를 통해 정보를 수집한다. ☐

하 : 나는 고객이 표출하는 니즈를 어디에서 파악해야 하는지 잘 알지 못한다. ☐

3. 고객의 잠재 니즈 파악

상 : 고객이 표현하지 못하는 잠재 니즈를 파악하기 위한 채널을 3가지 이상 알고, 이를 활용할 수 있다. ☐

중 : 잠재 니즈를 파악하기 위한 채널을 3가지 미만이지만 알고, 나름대로 채널 활용 방법을 안다. ☐

하 : 고객이 표현하지 못하는 잠재 니즈까지는 파악하지 못한다. 또는 잠

재 니즈를 파악할 필요성을 느끼지 못한다.　□

4. 다양한 채널 활용

상 : 나는 시장과 고객 정보를 파악하려고 오프라인 채널은 물론 온라인 채널도 활용하며, 활용 채널 리스트를 관리하고 새로운 채널 등장 등 채널 환경이 변화할 때에는 이를 즉각 반영한다.　□

중 : 나는 오프라인은 물론 온라인 채널도 활용하나, 활용 채널 리스트를 관리하지는 못한다.　□

하 : 나는 정보 수집을 할 때 주로 오프라인 채널에 의존한다.　□

5. 정기적 정보 수집

상 : 나는 시장과 고객에 대한 정보를 주 단위로 수집해야 하는 정보, 월 단위 혹은 연 단위로 수집해야 하는 정보 등으로 구분하여 정기적으로 수집한다.　□

중 : 나는 정보를 수집 시기에 따라 구분하여 인식하나, 실제 이를 정기적으로 수집하지는 못한다.　□

하 : 나는 시장과 고객에 대한 정보를 그때그때 필요할 경우에만 수집하여 활용한다.　□

〈센싱 정보 분석〉

6. 수집한 정보의 공유

상 : 나는 내가 수집한 정보를 종류에 따라 조직 내 다른 부문과 적극적으로 공유하며, 일부 정보에 대해서는 필요 시 업계 담당자 간, 관련 농호회/커뮤니티 회원 간의 정보 교류도 추진한다.　□

중 : 나는 조직 내 다른 부문과는 일부 정보를 공유하나, 외부와는 정보를 전혀 공유하지 않는다.　□

하 : 나는 시장과 고객에 대해 파악한 정보에 대해서는 우리 부서 차원에서만, 또는 나와 업무적으로 직접 관련된 경우에만 공유한다.　□

7. 정보에 대한 분석적 접근

상 : 나는 수집한 시장과 고객 관련 정보를 키워드 도출, 단순화 등의 분석 기법을 활용하여 분석하고 새로운 사업 방향과 상품 방향을 도출해낼 수 있다. ☐

중 : 나는 키워드 도출, 단순화 등 정보 분석 방법에 대해서는 알지만, 실제 이를 활용하지는 못한다. ☐

하 : 나는 축적된 정보의 분석 방법에 대해 잘 알지 못한다. ☐

8. 정보의 체계적 관리

상 : 나는 수집·분석한 시장과 고객 관련 정보를 시계열별·정보의 종류별 로 데이터베이스화하여 체계적으로 관리한다. ☐

중 : 나는 시장과 고객 정보를 일부만 관리한다. ☐

하 : 나는 시장과 고객 정보를 전혀 관리하지 않는다. ☐

〈센싱 정보 활용〉

9. 분석 정보에 대한 검증

상 : 나는 분석 정보를 기반으로 수립한 상품 또는 사업화 안에 대한 검증 방법을 알며, 이를 실제 활용한다. ☐

중 : 나는 검증 방법을 알고는 있으나, 실제 활용은 하지 못한다. ☐

하 : 나는 분석 정보에 대한 검증 방법에 대해 잘 모른다. 또는 분석한 정보를 왜 검증해야 하는지 잘 모르겠다. ☐

10. 분석 정보의 의사결정 활용

상 : 나는 분석 정보를 나의 업무와 관련된 의사결정에 활용함은 물론 다른 부문의 관련 의사결정에도 반영되도록 노력한다. ☐

중 : 나는 분석 정보를 내 업무 관련 의사결정에 활용한다. ☐

하 : 나는 분석 정보를 실제 업무에 제대로 활용하지 못한다. ☐

점검한 결과는 어떠한가? 막연히 '나는 마켓센싱 역량을 갖추고 있나?' 하고 생각할 때와 달리, 이러한 체크리스트를 기반으로 구체적인 필요 역량을 하나씩 표시해나가면 내게 어떠한 역량이 부족한지, 그래

〈표 2-2〉 마켓센싱 역량 평가표

항목	세부 항목	상 3점	중 2점	하 1점
정보 수집	1. 트렌드 관련 정보 수집			
	2. 고객의 표출된 니즈 수집			
	3. 고객의 잠재 니즈 파악			
	4. 다양한 채널 활용			
	5. 정기적 정보 수집			
정보 분석	6. 수집한 정보의 공유			
	7. 정보에 대한 분석적 접근			
	8. 정보의 체계적 관리			
정보 활용	9. 분석 정보에 대한 검증			
	10. 분석 정보의 의사결정 활용			
합계	항목별 합산 점수			
총점				

서 어떠한 역량을 키워야 하는지를 더 잘 알 수 있다.

마켓센싱 역량 전반을 평가하기 위해 〈표 2-2〉를 활용하여 각 항목별로 자신이 표시한 칸이 '상'이면 3점, '중'이면 2점, '하'이면 1점을 준다. 이렇게 하여 점수 총점이 0~10점까지이면 마켓센싱 역량은 '하' 수준으로, 전반적인 역량 개선이 필요하다. 총점이 11~20점이라면 '중' 수준으로, 특히 점수가 낮은 항목을 집중적으로 개선하는 것이 필요하다. 마지막으로 총점이 21점 이상이라면 '상' 수준으로서, 비교적 높은 마켓센싱 역량을 갖추고 있다.

04
우리 회사의
마켓센싱 역량
점검하기

이제 "그렇다면 우리 회사의, 조직 차원의 마켓센싱 역량도 점검해볼 수 있지 않을까"라는 생각이 자연스럽게 들 수 있다. 조직 차원에서도 마찬가지로 역량 수준을 점검해볼 수 있다. 단, 이번에는 우리 회사의 현재 수준뿐만 아니라 본인이 인식하기에 필요하다고 보는 수준까지 함께 점검해보자. 현재의 수준 및 필요 수준을 점검할 때는 혼자서 진행할 수도 있지만, 워크숍 등을 통해 회사 내에서 여럿이 의견을 모으면 좀 더 객관적인 역량 진단이 가능하다.

구분	항목	현재 수준	필요 수준
센싱 정보 수집	1. 트렌드 관련 정보 수집 상 : 우리 회사에는 트렌드 관련 정보를 수집하고 분석하는 업무를 담당하는 조직이 있으며, 수집 내용이 전사적으로 공유된다. 중 : 우리 회사에는 트렌드 관련 정보를 수집하고 분석을 담당하는 조직이 있으나, 그 결과는 특정 부서에만 공유된다. 하 : 우리 회사는 트렌드 관련 정보를 수집하고 분석할 필요성은 인식하나, 담당 조직도 없고 실행되지 않는다.		
	2. 고객의 표출된 니즈 수집 상 : 우리 회사에서는 고객이 말이나 글, 점수로 표현하는 니즈를 파악할 수 있는 채널을 5가지 이상 활용한다. 중 : 우리 회사에서는 고객이 표출하는 니즈를 수집할 수 있는 채널을 2~5가지 정도 활용한다. 하 : 우리 회사에서는 고객이 표출하는 니즈를 파악하지 않는다.		
	3. 고객의 잠재 니즈 파악 상 : 우리 회사에서는 고객이 표현하지 못하는 잠재 니즈를 파악하고자 다양한 채널을 3가지 이상 활용한다. 중 : 잠재 니즈를 파악하고자 노력하며, 채널을 구축하여 활용한다. 하 : 우리 회사에서는 고객이 표현하지 못하는 잠재 니즈는 파악하지 못하고, 회사 차원에서 필요성도 인식하지 못한다.		

구분	항목	현재 수준	필요 수준

센싱
정보
수집
	4. 다양한 채널 활용
	
	  상 : 우리 회사에서는 시장/고객 정보를 파악하려고 오프라인 채널은 물론 온라인 채널도 활용하며, 활용 채널 리스트를 관리하고 채널 환경이 변화할 때에는 이를 즉각 반영한다.
	  중 : 우리 회사에서는 오프라인은 물론 온라인 채널도 활용하나, 활용 채널 리스트를 특별히 관리하지는 않는다.
	  하 : 우리 회사에서는 정보 수집을 할 때 주로 오프라인 채널에 의존한다.		

	5. 정기적 정보 수집
	
	  상 : 우리 회사에서는 시장/고객에 대한 정보를 주 단위로 수집해야 하는 정보, 월 단위 혹은 연 단위로 수집해야 하는 정보로 구분하여 정기적으로 수집한다.
	  중 : 정보를 수집 시기에 따라 구분하나, 실제 실행되지 못한다.
	  하 : 시장/고객에 대한 정보를 그때그때 필요할 경우에만 수집하여 활용한다.		

센싱
정보
분석
	6. 수집한 정보의 공유
	
	  상 : 우리 회사는 각 부문에서 수집한 정보를 취합하고 분석하여 조직 전체에 공유하는 조직 및 시스템을 갖추었다.
	  중 : 우리 회사에서는 조직 내에서 관련 정보를 공유하는 것을 권장하나, 특별히 이를 관리하지는 않는다.
	  하 : 정보 공유 자체에 대해 회사 차원의 특별한 지침은 없다.		

구분	항목	현재 수준	필요 수준
센싱 정보 분석	7. 정보에 대한 분석적 접근 상 : 우리 회사에서는 기획, R&D, 마케팅 등 각 부문에서 수집한 정보를 취합하여 통합된 정보에 대해 체계적인 분석을 진행한다. 중 : 우리 회사에서는 각 부문에서 수집한 정보를 분석하지만, 이러한 분석이 기업 전체 차원에서 통합적으로 이루어지지는 않는다. 하 : 각 부문에서 정보 수집은 이루어지지만, 체계적으로 분석되지는 않는다.		
	8. 정보의 체계적 관리 상 : 우리 회사에서는 전사 차원에서 시장/고객에 대한 정보를 유형별 · 시기별로 데이터베이스화하여 관리하며, 이를 위한 시스템을 갖추었다. 중 : 우리 회사에서는 각각의 부문에서 알아서 정보를 관리한다. 하 : 특별히 시장/고객 정보를 관리하는 데 신경 쓰지 않는다.		
센싱 정보 활용	9. 분석 정보에 대한 검증 상 : 우리 회사에서는 분석 정보를 기반으로 수립한 상품 또는 사업화 방안에 대한 검증이 체계적으로 철저하게 이루어진다. 중 : 우리 회사에서는 검증의 필요성은 인식하지만, 실제로는 일부에 대해서만 검증이 이루어진다. 하 : 우리 회사에서는 분석 정보에 대한 검증의 중요성을 인식하지 못한다.		

구분	항목	현재 수준	필요 수준

센싱 정보 활용	10. 분석 정보의 의사결정 활용
	   상 : 우리 회사에서는 분석 정보를 각 조직별로 업무와 관련된 의사결정은 물론 전사 차원 전략에서도 활용하도록 하는 체계를 갖추었다.
	   중 : 분석 정보를 각 조직별 업무와 관련된 의사결정에 활용하는 정도다.
	   하 : 분석 정보를 실제 업무 추진 관련 의사결정에 제대로 활용하지 못한다.		

각각의 체크리스트 항목에서 현재 수준 및 필요 수준에 대한 상중하의 평가가 끝나면 평가 결과를 매트릭스 위에 표시할 수 있다. 매트릭스는 가로축이 현재 수준을, 세로축이 필요 수준을 나타낸다. 따라서 가로축의 현재 수준을 세로축의 필요 수준과 서로 비교하면서 현재 수준이 '하'이지만 필요 수준은 '상'인 항목을 핵심 강화 역량으로 표시하고, 현재 수준이 '중'이지만 필요 수준은 '상'으로 올려야 하는 항목이거나 현재 수준은 '하'이지만 필요 수준은 '중'으로 올려야 하는 항목은 우선적 확보 역량으로 표시한다.

예를 들어, ①의 트렌드 관련 정보 수집 항목에 대한 평가 결과가 현재 수준은 '중', 필요 수준은 '상'으로 나왔다면 〈그림 2-2〉처럼 매트릭스의 1행 2열에 ①이라고 적어 넣으면 된다. 이렇게 10개 항목에 대한 평가 결과를 모두 매트릭스 위에 표시하면 표시된 위치에 따라 가장 핵심적으로 시급히 향상시켜야 할 역량이 무엇인지 명확해진다. 매트릭

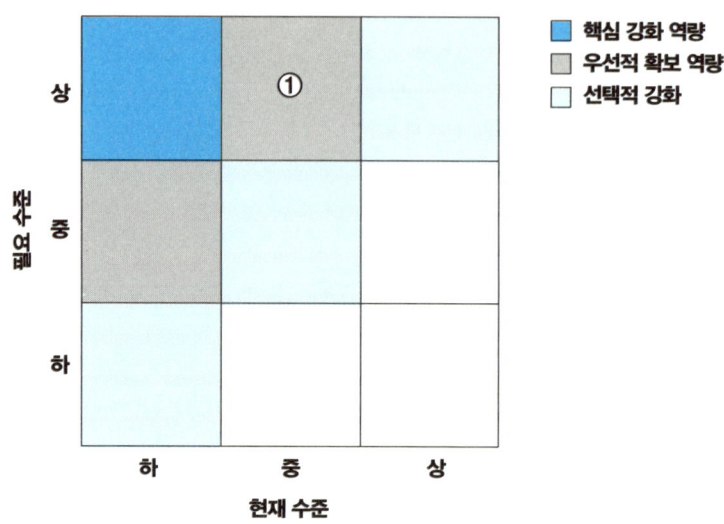

상

중

하

중요도

하

중

상

현재 수준

핵심 강화 역량
우선적 확보 역량
선택적 강화

①

〈그림 2-2〉 기업의 마켓센싱 역량 평가 매트릭스

스의 1행 1열에 위치하는 항목은 현재 수준은 '하'이지만 '상'까지 끌어
올려야 할 핵심 강화 역량, 1행 2열과 2행 1열은 현재 수준이 '중'이지만
'상'으로 또는 '하'에서 '중'으로 올려야 할 우선적 확보 역량에 해당된다.

〈표 2-4〉는 이 체크리스트에 따라 모 기업의 마켓센싱 역량을 점검
한 결과이고, 〈그림 2-3〉은 이를 기반으로 매트릭스 분석을 진행한 결
과다. 그림에서 보는 것처럼, 이 기업에서는 '고객의 잠재 니즈 파악'과
'정보에 대한 분석적 접근'이 핵심 강화 역량으로 도출되었다. 또한 '트
렌드 관련 정보 수집', '다양한 채널 활용', '수집한 정보의 공유', '분석
정보의 의사결정 활용', 그리고 '정기적 정보 수집'이 우선적 확보 역량

항목	세부 항목	현재 수준	필요 수준
정보 수집	1. 트렌드 관련 정보 수집	중	상
	2. 고객의 표출된 니즈 수집	상	상
	3. 고객의 잠재 니즈 파악	하	상
	4. 다양한 채널 활용	중	상
	5. 정기적 정보 수집	하	중
정보 분석	6. 수집한 정보의 공유	중	상
	7. 정보에 대한 분석적 접근	하	상
	8. 정보의 체계적 관리	상	상
정보 활용	9. 분석 정보에 대한 검증	중	중
	10. 분석 정보의 의사결정 활용	중	상

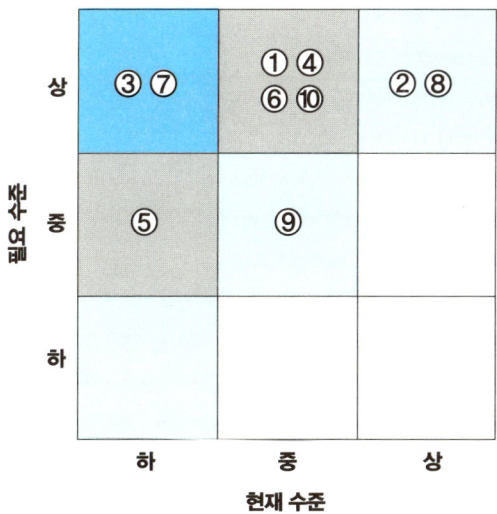

〈그림 2-3〉 매트릭스 분석 사례

으로 도출되었다.

　개인에게 시간이라는 자원의 제약이 있듯이, 기업도 마찬가지다. 인적 · 물적 · 금전적 자원이 한정되어 있으므로 동시에 모든 역량을 한꺼번에 업그레이드하는 것은 어려울 수 있다. 따라서 이러한 분석을 통해 무엇을 먼저 해야 할지 설정하고 우선순위를 두어 접근하면 좋다.

마켓센싱의 개념

마켓센싱이란 비즈니스 상황에서 시장/고객의 변화에 대한 다양하고 복잡한 정보를 민감하게 파악하고 문제 해결 관점과 미래 비즈니스 관점으로 분석하고 활용하는 능력이다.

마켓센싱 역량 점검

개인 차원과 조직 차원에서 현재의 마켓센싱 역량을 점검해볼 수 있도록 했다. 이 작업을 통해 마켓센싱의 필요성을 더 잘 인식함은 물론이고 마켓센싱을 위해 필요한 역량을 구체적으로 알아보았다.

- 나의 마켓센싱 역량 점수는?
- 우리 회사가 마켓센싱 역량을 강화하려면 특히 중점을 두어야 할 핵심 강화 역량은?

MARKET SENSING

제3장

기업보다 더 빠른
시장과 고객의 변화

1장에서는 마켓센싱이 필요하게 된 근본 원인으로, 기업의 환경은 시장의 성숙과 경쟁의 심화로 빠르게 변화하는데, 기업의 대응 방식은 이러한 변화를 따라가지 못함을 지적한 바 있다. 구체적으로 마켓센싱 역량을 키우는 방법을 설명하기 전에, 3장에서는 다양한 사례를 통해 시장의 변화와 고객의 변화가 어떻게 진행되는지 살펴보고 기업의 대응 방식에 따른 한계에 대해서도 구체적으로 알아본다.

01

고객의 니즈는
지금도 변한다

고객의 니즈는 너무도 빠르게 변하고 있다. 이런 빠른 니즈 변화를 극명하게 알 수 있는 분야가 패션이다.

최근 패션계에서는 패스트패션 브랜드가 대유행이다. 패스트패션*이란 빠르게 변화하는 유행에 맞춰 디자인을 빨리 바꿔 내놓는 옷을 통틀어 이르는 말이다. 패스트패션이라는 용어는 패스트푸드Fast Food에서 유추해 만들어졌다.

이들은 수시로 바뀌는 유행에 따라 빨리 만들어 빨리 입는 옷으로,

• **패스트패션(Fast Fashion)** : 패스트패션은 일반적으로 SPA(Specialty store retailer of Private label Apparel) 브랜드로 운영된다. SPA란, 백화점에 납품하지 않고 회사 자체에서 생산 · 소매 · 유통까지 모두 맡아 마진을 없애고 다양한 디자인을 빠르게 대량생산 해서 소비자에게 공급하는 방식이다.

자라의 홈페이지(www.zara.com)

오래 입어도 질리지 않는 실용성이나 내구성 좋은 소재보다는 디자인을 우선시하고 가격이 저렴한 것이 특징이다. 자라, H&M, 망고, 유니클로 등이 패스트패션의 대표 주자다.

먼저 자라ZARA는 에스파냐 패션 브랜드로, 다양한 연령층을 아우를 수 있는 디자인과 비교적 가격이 저렴한 라인이 특징이다. 자라는 빠른 고객의 수요에 대응하고자 일주일에 두 번 신제품이 나오는 초고속 생산 시스템을 갖추었다.

자라는 어떻게 전 세계 70여 개국에서 매장을 운영하면서도 고객과 시장의 변화를 재빨리 파악하고 이에 따른 생산과 유통을 진행할 수 있을까? 자라의 패스트패션에 대한 노하우를 좀 더 자세히 살펴보자.

자라는 주 2회의 신제품이 출시되는 초고속 생산 시스템을 운영하기 위해 점장Store Manager이 매장에서 어떠한 상품이 잘 팔리는지를 실시간으로 파악한다. 파악하는 방법은 실제 매출 데이터와 직접 매장에서 고객의 구매 행동을 살펴봄으로써 이루어진다. 이렇게 파악한 정보를 휴대용 기기를 활용하여 본사에 실시간으로 전송한다. 이를 통해 본사에서 전 세계 매장의 상황과 고객의 요구 사항을 빠른 시간 내에 파악할 수 있는 것이다.

이러한 정보를 근거로 디자이너와 상품 매니저는 정보를 취합하여 분석한다. 분석한 결과에 근거하여 디자이너는 새로운 스타일을 디자인하고 이를 에스파냐에 있는 공장에 전송하면, 전송된 디자인이 생산되어 상품으로 출시된다. 이런 과정을 거쳐 완성된 상품이 자라의 유통망을 통해 매장에 도착하는 데 모두 48시간이 소요된다.

H&M은 스웨덴에 처음 세워져 전 세계에 매장 2000여 개를 가진 글로벌 브랜드다. 우리나라에는 2010년 2월 서울 명동에 입점했다. H&M은 늘 새로운 아이템을 구매하고 싶어 하는 소비자의 니즈에 딱 맞도록 늘 새로운 감각을 선보인다. 의류뿐만 아니라 액세서리, 잡화까지 젊은 감각의 스타일을 제공하여 토털 솔루션을 희망하는 고객의 니즈에 부합함으로써 명동 매장은 늘 문전성시를 이룬다고 한다. H&M의 경우에도 자라와 마찬가지다. 빠르게 변화하는 패션 트렌드뿐만 아니라 매장에서 보이는 고객의 반응을 즉각 반영하는 시스템이 이러한 성공을 뒷받침하는 것이다.

패션 산업은 매출이 크게 성장하는 산업은 아니지만, 제품의 라이프 사이클이 매우 짧고 다양한 니즈 속에 빠른 변화가 극명한 산업이다. 정보 기술의 발달에 따라 변화의 속도는 더욱 빨라지고 있다. 과거에는 명품 컬렉션이 있으면 몇 개월 후에나 우리나라에 선보였다. 그런데 요즘은 컬렉션 다음 날부터 유사한 상품을 만들어내는 작업이 시작될 정도다. 인터넷 강국인 우리나라에서는 온라인 쇼핑몰에서 이러한 상품들을 바로 구입할 수도 있다고 한다.

이렇듯 빠른 고객의 니즈 변화는 기업에 또 다른 판도 변화를 가져왔다. 빠른 시장 변화와 일주일 단위로 두 번 신제품이 출시되는 경쟁 상황에서 6개월 단위의 상품 개발 추진에 따른 6개월 단위의 고객 니즈 조사와 경쟁 조사는 더 이상 경쟁력을 가지기 어려운 것이다. 더군다나 인터넷 · 스마트폰 · 트위터 · 페이스북 등 새로운 매체가 속속 등장하면서

바나나리퍼블릭의 홈페이지(www.bananarepublic.gap.com)

정보를 기반으로 한 기업과 고객 간의 힘의 구조에서 고객의 힘이 강해져 기업에서는 모르는 내용을 고객이 먼저 알고 기업에 요구하는 상황까지 벌어진다. 고객은 기존에는 얻을 수 없었던 빠르고 다양하고 심도 있는 정보를 자신의 직접적인 경험뿐만 아니라 인터넷과 모바일 기기를 통한 간접경험으로 얻을 수 있고, 자신만 알고 끝나는 것이 아니라 이를 적극적으로 확산시키면서 기업의 1년간 광고 마케팅 홍보 비용을 무색하게 하는 엄청난 효과를 만들어낸다.

국내에 진출한 글로벌 브랜드인 바나나리퍼블릭, 자라 등이 초기에 국내에서 다른 나라에 비해 고가 정책을 펴다가 국내 고객들의 항의로 가격 인하를 결정한 사례가 있다. 이는 고객들이 국내에 브랜드가 입점해 있지 않은 상황에서도 해외여행을 통해 이미 구매 경험을 해서 제품의 가격대를 알고 있었고, 꼭 해외여행 경험이 없더라도 인터넷 구매 대행 서비스 등으로 이들 브랜드를 경험해보아서 가격에 대한 정보를 가지고 있었기 때문에 가능했다. 기업이 우리나라의 특수성을 감안하여 고가 정책을 정했으나, 고객들이 국내 판매 가격과 해외 가격을 비교하며 거세게 불만을 제기하여 글로벌 기업이 가격을 인하하기로 하는 결정을 얻어낸 것이다. '대한민국 만세'라고 해야 하지 않을까? 이제 고객의 정보 확산 파워는 기업의 가격정책까지 좌지우지할 수 있는 것이다.

서비스 산업에서도 이러한 변화가 발생하고 있다. 에버랜드의 경우, 몇 년 사이에 이용객의 요구 사항이 급격하게 변화하는 것을 체감한 다고 한다. 전에는 고객들이 국내의 동종 기업인 롯데월드나 서울랜드와 비교하여 "롯데월드에는 이런 서비스가 있는데 왜 에버랜드에는 없나요?"라는 식의 불만이나 요구 사항을 표현하는 경우가 많았다고 한다. 하지만 최근에는 해외여행에서 다녀온 디즈니랜드나 유니버설 스튜디오와 비교하여 불만을 제기하거나, "유니버설 스튜디오처럼 이런 서비스가 있으면 좋겠다"라는 식의 제안을 하는 사례가 점점 늘어나고 있다고 한다. 이는 에버랜드만의 이야기는 아닐 것이다. 이제 고객들이 인식하는 선택의 대안 또는 만족의 기준은 국내 기업이 제공하는 서비스에서 글로벌 수준으로 변화하는 시점에 놓여 있는 것이다.

1990년대 중·후반부터 2000년대에 걸쳐 유통 기업의 대형화에 따른 구매력 증대로 시장이 제조 중심에서 유통 중심으로 변화했다. 제조기업 대부분은 지금까지 자신들이 관리하던 가격을 유통이 좌지우지하는 것에 대해 혼란을 겪을 수밖에 없었다. 오픈 프라이스 정책*이나 PL법** 등의 변화도 제조업의 품질과 가격정책에 큰 변화를 일으켰다.

하지만 스마트폰 출시 이후 나타나는 다양한 정보와 상품의 유통 방식 변화는 좀 더 많은 숙제를 남겼다. 특별히 정해진 오프라인 매장이나 온라인 홈페이지가 없어도 트위터나 미투데이 등 소셜 네트워크 서비스 Social Network Service : SNS를 이용하여 고객들과 커뮤니케이션 하며 장소와 시간을 정해 고객들이 먼저 와서 서비스를 기다리는 곳에 임시 매장을 차리는 진풍경을 낳는가 하면, 새로운 커뮤니케이션 채널을 활용하여 경쟁이 이미 치열한 산업에 진출한 신생 기업이 단기간에 인지도를 높이는 상황이 실제 벌어진다. 다양한 채널의 등장으로 또 다른 유통의 비즈니스 모델이 만들어지는 것이다.

이렇게 변화하는 환경 속에서 고객뿐만 아니라 기업 환경 전반에서 역동적이고 빠른 변화가 두드러지게 나타나고 있다. 고객의 복잡하고 다양한 요구에 대응하고자 종횡무진 M&A가 이루어지기도 하고, 오늘의 동지가 내일의 적이 되기도 하며, 산업의 경계를 뛰어넘는 경쟁이 나타나고 있다. 이러한 고객의 변화, 경쟁의 변화, 시장의 변화에 기업은 이제 살아남기 위해 기존과는 다른 내부 체계의 변화를 서두르지 않을 수 없다. 고객 변화에 따른 평가나 관리 지표 등 내부 체계 변화의 필요성이 왜 필요한지 사례를 통해 이야기해보겠다.

• **오픈 프라이스(Open Price) 정책** : 제조업자가 판매 가격을 정하는 기존의 권장 소비자가격 제도와는 달리 최종 판매업자가 실제 판매 가격을 결정하고 표시하는 가격 제도다. 판매 가격 표시제라고도 한다.

•• **PL(Product Liability)법** : 제조물책임법을 말한다. 어떤 제품의 안전성이 미흡해 소비자가 피해를 입었을 경우, 제조 기업이 손해배상책임을 부담하도록 규정한 법률이다.

요즈음에는 드라마를 보는 시청 행태가 변화하면서 드라마 시장도 점점 더 세분화되고 있다. 드라마를 제작하는 입장에서도 이번 드라마는 대상을 10대나 20대로 할 것인지, 아니면 40대나 50대 여성으로 할 것인지를 명확하게 하지 않으면 안 된다고 한다. 그러니 과거와 같이 시청률 50~60퍼센트를 내는 드라마가 나오기란 쉽지 않은 일이다. 이런 변화 속에서 서서히 문제가 부각되는 부분이 바로 시청률 산출 방식이겠다.

기존의 시청률 산출이라는 것이 주로 집에서 텔레비전을 통해 정규 방송 시간에 드라마를 보는 경우만을 가지고 비율을 계산한다는 것은 잘 알려진 사실이다. 하지만 정규 방송 시간에 온 가족이 텔레비전 앞에 모여 앉아 함께 드라마를 시청하는 광경은 이제 전처럼 자주 찾아보기 어렵다. 그러하다 보니 가정 내에서 채널 선택권을 가진 40~50대 여성을 대상으로 하는 드라마의 시청률을 산출하는 데는 이러한 방식이 맞을 수 있지만, DMB폰이나 컴퓨터로 원하는 시간에 원하는 장소에서 드라마라는 콘텐츠를 감상하는 10대, 20대를 주요 대상으로 하는 드라마는 시청률이 실제 드라마의 인기를 제대로 반영하지 못하는 상황이 벌어진다.

얼마 전 종영한 모 드라마도 최고 시청률이 10퍼센트 중반에 그쳤음에도 드라마 종영 후 출연한 배우들이 광고 시장에서 블루칩으로 통하는 상황이 벌어졌다. 실제로 이 드라마의 경우, 인터넷 VOD 다시 보기 이용 횟수, 게시판 답글 수, 관련 인터넷 커뮤니티를 통한 시청자들의 다양한 활동 등으로 따지면 시청자 반응이 거의 국민 드라마 수준이었다고 한다. 고객의 시청 환경은 변화하는데 이를 측정하는 시청률은 현실을 반영하지 못하는 것이다. 기업에서도 마찬가지다. 시청률 산출 방식처럼, 기업이 기존에 정석으로 여기며 맞추고자 노력했던 내부의 많은 시스템 체계에 변화가 요구되는 것이다.

02
단편적 대응으로는 부족하다

패스트패션 브랜드처럼 변화 속에서 변화의 방향을 이해하고 이에 신속하게 대응하여 성공하는 사례가 있는가 하면, 기존의 체계와 사고를 벗어나지 못해 실패하는 사례도 비일비재하다. 오리온에서 닥터유, 마켓오 시리즈를 처음 출시했을 때, 제과업계의 초기 반응은 싸늘했다. "소비자가 과자 한 봉지에 2,500원이 넘는 돈을 낼 리가 없다"라고 단정하는 경우도 있었고, 과연 이렇게 높은 가격의 프리미엄 제품이 성공할 수 있을 것인가에 대해 의문을 갖는 경우도 있었다. 하지만 고가임에도 이들 브랜드의 마니아가 늘어나면서 제과 시장에서는 단순히 기업별 매출 비중의 변화 이상의 변화가 나타났다. 사실, 이전까지 오리온은 제과업계에서 3위로, '제과 하면 오리온'이라는 인식은 거의 없었다. 하지만 이들 브랜드의 성공으로 매출이 정체되었던 시장에서 매출 신장이라는 성과가 나타났음은 물론이고, 고객의 머릿속에 오리온 제품은 맛있고 믿을 수 있다는 인식까지 깊이 심어주게 되었다.

당연히 시장 내 다른 기업들은 크게 위기감을 느꼈고, 경쟁사들은 유사 제품을 한꺼번에 출시하며 시장에 대응하려고 했다. 하지만 시장에 대한 깊이 있는 이해가 부족한 상태에서 단편적으로 보이는 시장 특성만을 반영하여 만들어진 상품들은 단기적으로 상점에서 매대를 차지하기는 했지만 고객의 마음을 사로잡지는 못했다. 왜냐하면 급하게 출시되다 보니 이 상품들은 기존 상품과 무엇이 다른지 잘 알 수 없거나, 다르다고 하는데 고객 입장에서는 그것이 왜 달라야 하는지, 달라서 자신에게 무엇이 좋은지 확실히 와 닿지 않는 상품이 되어버렸기 때문이다. 단순히 고급 원료를 사용한 고가 제품이라는 것만으로는 성공을 거두기 어려웠다. 또한 고객 니즈의 한 단면만을 파악하여 제품화한 경우에도 그 결과는 참패였다. 아무리 유통에서 막강한 파워를 갖고 있다고 해도 고객이 인정하지 않는 제품은 시장에서 철수할 수밖에 없었다.

제과 시장은 불과 몇 년 전만 해도 해외에서 성공한 제품을 카피하는 경우가 많았고, 이 경우 특별한 R&D 없이도 대부분 성공해왔다. 하지만 고객은 너무도 똑똑해지고 있어, 카피한 제품에 대해 정확하게 어느 나라 어느 회사 어떤 브랜드인지 명확히 지적하여 오히려 기업 이미지에 부정적인 영향을 주고 있다. 고객에게 사랑받고 기업에도 매출 상승을 가져오는 히트 상품을 어떻게 만들어야 할까? 고객이 원하는 상품을 벤치마킹이 아니라 독창적으로 개발하려면 어떻게 새로운 상품 개발 아이디어를 얻어야 할까? 빠르게 똑똑해져 가는 고객을 만족시키려면 무엇이 중요할까?

　가장 중요한 것은 눈앞에 보이는 현상의 변화, 단편적인 고객의 요구 사항, 경쟁 상황만 쫓아서는 변화에 대응하기는커녕 많은 자원을 쏟아 붓고도 고객을 감동시키지 못하고 고객 관점에서 의미가 없는 상품과 서비스만 양산해낼 뿐이라는 사실을 빨리 깨달아야 한다는 것이다. 무조건 열심히 하는 것은 오히려 자원을 낭비하고 회사를 더 어렵게 만드는 것이다. 이러한 오류를 범하지 않으려면, 현상의 변화를 쫓기보다는 장기적 관점에서 변화의 근본 원인, 즉 트렌드 코드를 이해하는 차원에서 접근하는 것이 필요하다. 트렌드 코드*는 시장의 변화를 유도하고, 고객의 가치관 변화와 이에 따른 구매 행동, 소비 행동의 변화를 가져오는 변화의 동인이다. 이처럼 단편적인 트렌드 현상이 아닌 트렌드 코드를 이해하고 나서 이에 대응하는 사업을 추진하거나 상품을 만들어낼 때 시장에서 장기적으로 성공하는 사업/상품을 만들어낼 수 있다.

03
트렌드 코드에
주목하라

이제 실제 고객의 행동과 가치관의 변화를 가져올 수 있는 트렌드 코드 몇 가지를 살펴보자.

첫 번째는 우머노믹스Womanomics:Woman + Economics다. 여성의 경제활동 참여가 늘어나면서 사회경제적으로 많은 변화가 발생하고 있다. 여기에서 여성의 경제적 참여라는 것은 단순히 양적으로 경제활동에 참여하는 여성의 숫자가 늘어나는 것만 의미하는 것이 아니라, 양적인 증가와 함께 질적인 상승을 의미한다. 과거에도 여성은 경제활동에 참여해 왔다. 하지만 최근 달라진 모습은 여성의 사회 참여 내용이다. 즉, 남성 중심의 경제활동에 보조적 역할로만 참여하는 것이 아니라, 의사결정의 주체로서 전문직에 종사하거나 기업에서 핵심적인 역할을 수행하는 여성이 늘어나고 있는 것이다.

이러한 여성의 경제활동 참여율 상승은 여성의 경제력 증대와 더불어 사회적 지위 및 가정 내 의사결정권까지 영향을 미치고 있다. 이에 따라 이들을 대상으로 한 상품 및 서비스의 증대 경향이 나타나고 있다.

실제 은행이나 증권회사에서 금융 상품의 상담을 맡은 분들의 이야기를 들어보면, 요즈음에는 남성 고객이 상담하러 오면 그다지 흥이 나지 않는다고 한다. 왜냐하면 열심히 상품에 대해 설명을 해도 "설명 잘 들었습니다. 집에 가서 상의한 후 다시 오겠습니다"라는 반응이 주를 이루기 때문이다. 하지만 여성 고객이 상담하러 오면 상황이 다르다. 열심히 상품에 대해 설명하면 바로 그 자리에서 계약까지 일사천리로 이루어질 확률이 높다는 것이다. 이처럼 전에는 가정 내에서 남성들이 의사결정을 하는 영역이라고 생각하던 금융 영역까지도 여성들이 좌지우지하는 경향이 강해지고 있다. 사실 금융만이 아니라 자동차, 부동산 등 다양한 영역에서 이러한 경향이 강해지고 있다. 그러다 보니 기업들도 앞다투어 다양한 여성 특화 상품을 출시하고 "우리가 가장 여성들을 위한다"라며 러브콜을 보내는 상황이다.

두 번째 트렌드 코드는 개인화된 소비의 확대다. 사실 개인화 소비 경향에도 여성의 사회적 참여가 영향을 미친다. 사회적 참여를 통해 자신의 일과 함께 경제력을 가지게 된 여성들이 결혼을 늦추는 경향이 늘어나면서 결과적으로 결혼하지 않고 지내는 독신 기간의 연장, 독신 세대의 양적 증가를 가져왔다.

독신은 일반적인 가족처럼 내 집 장만, 육아, 교육 등에 부담을 느끼지 않고 자신을 위한 소비를 할 정신적 · 경제적 여유가 있다. 또한 독신들만이 가지는 특색인 자신을 위한 투자 성향은 혼자서 즐길 수 있는 상품과 서비스의 증가를 가져온다. 같이할 사람이 없어서 혼자 상품과 서비스를 이용하는 것이 아니라 본인의 의지로 혼자서 즐기는 개인화 소비가 늘고 있는 것이다. 이러한 특성을 보이는 개인화 경향을 셀프홀릭Self-holic이라고 하는데, 이는 디지털카메라로 자신의 사진을 찍는 일명 '셀카'(셀프 카메라의 준말)가 유행하며 함께 등장한 용어다. 이들은 미니 홈피나 트위터 등을 통해 사진과 글로 자신을 표현함으로써 세상과 관계를 맺는다. 이런 모습은 상품의 구매 행태에도 영향을 미치는데 '에고노미Egonomy', 즉 '자신Ego'과 '경제Economy'의 합성어로, '개성을 중시하는 소비 현상'을 뜻한다. 소비자들은 자신의 기호에 맞게 자동차나 오디오를 튜닝하거나 자신의 취향을 나타내는 실내장식 등에도 열의를 보인다. 물건이나 서비스를 고를 때에도 '업체가 만들어준' 대량생산 제품을 일방적으로 사기보다는 '내가 추구하는 라이프스타일이나 가치관'과 맞는지를 먼저 따진다. 안 맞으면 업체에 자신의 취향과 가치에 맞춰줄 것을 당당하게 요구한다.

주로 친구나 동료와 함께하는 영역이었던 여행, 공연 문화에서도 '문화의 개인화'가 나타나고 있다. CGV의 집계 결과 2009년 1인 티켓 예매율이 24퍼센트로 지속적인 성장세를 보이고, 전체 여행 시장에서 1인 여행 패키지가 차지하는 비중도 2005년 13.6퍼센트에서 '나 홀로 해외 여행족'의 증가에 힘입어 2009년에는 25퍼센트로 증가하여 개인화 경향의 확산을 보인다.

세 번째 트렌드 코드 키워드로 이야기할 수 있는 것은 라이프스타일의 특화다. 앞서 개인화에서 업체가 제공하는 고품질·저가격의 합리적인 구매보다는 '나의 라이프스타일에 맞는가?'가 중요하다고 지적한 것처럼, 상품의 구매 기준이 합리적이고 이성적인 근거보다는 구매하고자 하는 사람의 라이프스타일에 들어맞느냐가 점점 중요해지고 있다.

일본 전자 제품 회사인 파나소닉이 30대 전후의 독신을 대상으로 출시한 '나이트 컬러Night Color 시리즈'는 일반적으로 전자 산업에서 팔면 팔수록 손해라고 여겼던 제품군인 소형 제품을 고객의 라이프스타일에 특

30대 전후 독신의 라이프스타일에 특화한 파나소닉의 나이트 컬러 시리즈

화하여 고부가가치 상품으로 출시한 사례다. 독신들이 결혼 전에 잠깐 임시로 사용하는 소형 가전은 특별한 기능 없이 단순 기능 위주로, 상품 라인의 구색 차원에서 '초저가'라는 것을 내세워 판매해왔다. 기업 입장에서는 팔아봐야 그다지 남는 것이 없는, 약간의 과장을 섞어 팔아도 본전인 상품이었기 때문이다. 하지만 이제는 청년 실업의 증가로 남성의 결혼 연령이 늦어지고, 능력을 갖춘 여성들이 경제력이 생기면서 자연스럽게 결혼 연령이 늦어지고 있다. 그뿐만 아니라 굳이 일찍 결혼해서 인생을 얽매이기 싫다는 생각이 늘면서 만혼 경향이 심화되고 있다. 이에 따라 작은 공간이지만 나만의 개성을 표현할 수 있는 고급스럽고 세련된 감각의 인테리어가 요구되고 있다. 작지만 세련되고, 그러면서도 나의 삶에 도움이 되는 전자 제품.

여기에 주목한 파나소닉은 그들의 라이프스타일을 연구하여 전자 제품을 사용할 때의 니즈를 탐색했다. 그 결과 주중에는 회사 일과 회식으로, 주말에는 동호회 활동으로 바쁜 독신들이 집안일을 할 수 있는 시간은 밤 시간뿐이라는 것을 발견했다. 아파트나 오피스텔 등 공동주택에서 밤에 집안일을 해본 경험이 있는 사람이라면 가장 큰 스트레스가 소음인 것을 금방 눈치챘을 것이다. 이에 주목한 파나소닉은 밤에도 소음 없이 집안일을 할 수 있는 전자 제품을 출시한다. 게다가 작고 세련된 스타일의 개성 있는 디자인으로 제품의 특성을 부각하여 나이트 컬러 시리즈로 시장에 내놓는다. 전자 제품에서는 거의 볼 수 없었던 검은색 시리즈 상품으로, 단순히 품질 차원이 아닌 라이프스타일 차원에서 접근하여 고부가가치 상품을 실현한 것이다.

이러한 상품이 독신만을 대상으로 존재하는 것은 아니다. 평균수명의 연장에 따라 인구구조상 양적으로 증대하는 시니어*를 대상으로 하는 상품에서도 라이프스타일 연구에서 성공의 열쇠를 찾을 수 있다. 이전에도 이들에게 특화된 상품이 없었던 것은 아니다. 이른바 '실버 상품'이라는 이름으로 많은 상품이 출시되었지만 대부분이 실패를 경험했다. 시니어가 양적으로 증가하는데도 이들 상품이 성공하지 못한 것은 이들의 라이프스타일에 대한 이해가 부족했기 때문이다. 일단 '실버'라는 용어 자체가 항상 젊게 살고 싶다는 니즈를 가진 시니어들에게는 거북스러운 표현이었다. '실버'라는 용어가 아니라 '시니어'를 사용했다고 하더라도 이들의 니즈에 단편적으로 접근하면 또 다른 실패를 가져오게 된다.

예를 들어, 시니어를 대상으로 하는 컴퓨터를 생각해보자. 눈이 침침한 시니어를 고려해서 모니터의 글씨 크기를 키우고 조작이 쉽도록 컴퓨터의 기능을 단순화하는 정도에서 상품 개발을 할 수도 있다. 하지만 일본 후지쓰는 여기에서 끝나지 않고 시니어의 라이프스타일을 면밀히 검토했다. 그 결과, 시니어들은 눈이 안 보여서가 아니라 컴퓨터를 사용하는 것 자체에 겁을 먹고 있고, 스스로 매뉴얼을 보고 컴퓨터를 설치하거나 컴퓨터를 직접 써보면서 사용법을 익히는 것을 부담스럽게 느끼지만, 그렇다고 자녀나 손자, 손녀에게 물어보는 것도 꺼린다는 사실을

• **시니어(Senior)** : 일반적으로 65세 이상의 인구를 지칭하는 고령자와는 구분되는 개념으로, 고령자뿐만 아니라 이를 준비하는 세대도 포함하는 좀 더 포괄적인 개념이다. 고령자가 높은 연령으로 보호받아야 할 대상으로 인식된다면, 시니어는 고령을 준비하는 좀 더 적극적인 주체로 인식된다.

발견했다. 이러한 라이프스타일 특성을 감안하여 후지쓰는 설치 서비스, 24시간 직접 응대 서비스 등 제품과 함께 지금까지 제공하지 않았던 서비스를 제공함으로써 새로운 형태의 상품을 제공한다. 추가로 제공되는 인적 서비스는 유료 서비스였음에도 이 상품은 크게 인기를 얻었다. 매출 측면에서도 컴퓨터뿐만 아니라 부가 서비스를 통한 매출도 얻을 수 있었다.

이처럼 맞춤에 대한 니즈는 세대별 특화 상품으로 변화하고 있으며, 이에 따라 고객의 라이프스타일 특성에 대한 연구와 이에 맞춘 상품 및 서비스 개발이 활발해지고 있다.

마지막으로는 진화하는 웰빙을 말할 수 있다. 사실 웰빙은 최근에야 나타난 현상이 아니라 오래전에 등장했지만 점점 진화하는 양상을 보이고 있다.

웰빙 1단계는 '내 몸이 건강하게 살자'라는 개념으로, 유기농 식품, 건강 보조 식품 등 좋은 것을 먹고 운동하는 것이 주로 강조되었다. 이에 따라 몸에 좋은 건강 보조 식품 시장이 성장하고 운동 열풍이 불었다.

웰빙 2단계는 '육체와 정신의 균형 있는 건강 추구'로, 육체의 건강만이 아닌 정신적인 건강을 추구하는 단계다. 사회적 불안이나 스트레스가 증가하면서 요가나 여행 등을 통해 정신적 스트레스를 풀어야 육체적 건강도 가능하다고 인식하는 단계의 웰빙으로 진화한 것이다. 이에 따라 숙면 시장이 활성화하고 상담 시장 등이 성장했다.

웰빙 3단계는 생활 습관 자체를 개선해서 건강과 젊음을 유지하고자 하는 단계다. 식생활 개선, 체력 관리, 질병 관리 등 문제가 발생하기 전에 원인이 될 만한 부분을 삶 속에서 지속적으로 개선하면서 문제를 아예 만들지 않도록 관리하는 것이다. 과거에는 병을 발견하는 곳으로 여겼던 '건강검진' 센터도 이러한 의미에서 '건강 증진' 센터로 변화했다. 그러다 보니 센터에서 제공하는 서비스도 달라지고 있다. 일회성의 검진이 아닌 연 단위의 식단 개선, 정신과 상담, 체력 측정 및 관리, 만성피로 관리, 운동 관리 등의 개념을 적극 도입하고 있다. 경쟁이 치열한 피트니스 시장에서도 기본 이용은 3개월에 15만 원 정도의 가격 경쟁 시장으로 바뀌었지만, 개인의 체력 상태에 맞는 운동과 식단을 관리해주는 서비스인 퍼스널 트레이너Personal Trainer 서비스는 10회 50~70만 원의 고가에도 인기를 얻고 있다.

웰빙 4단계는 로하스 소사이어티LOHAS Society 단계로, 내가 구매하고 사용하는 상품과 서비스가 다음 세대의 행복에 기여하느냐를 중시하는 단계로 진화해가고 있다. 이에 따라 기업의 사회적 공헌, 친환경을 위한 노력이 기업 이미지에 지대한 영향을 미치고, 기부 문화도 점점 의미가 부각된다. 또한 물건을 구매할 때도 이 물건이 친환경 소재인지, 폐기할 때 유해 물질을 생성하는지 여부가 고가품을 판단하는 중요한 기준 중 하나로 자리 잡아가고 있다.

04
트렌드 코드
관점에서 시장을
다시 이해하라

고객의 단편적인 니즈만을 고려하거나 경쟁사와 유사한 접근 방식을 취하는 것이 아니라 트렌드 코드에서 보이는 우머노믹스, 개인화 소비 증대, 라이프스타일 특화, 진화된 웰빙을 고려하여 제과 상품을 다시 만들어보면 어때야 할까?

우머노믹스 경향으로 경제적 여유와 함께 삶 속에서 정신적·육체적으로 조화된 웰빙을 추구하려는 경향은 나를 위한 투자, 작은 사치Small Luxury 경향을 만들어낸다. 작은 사치란 나를 위한 투자, 나만의 행복을 추구하여 작지만 특별하고 고급스러운 선물을 스스로에게 하는 경향을 말한다. 이런 작은 사치의 대상으로 여성들이 뽑은 아이템을 보면 〈그림 3-1〉과 같다. 남성은 작은 사치의 대상이 다양한 아이템에 분산되어 있다면, 여성은 달콤한 디저트류와 옷, 구두에 상대적으로 집중되어

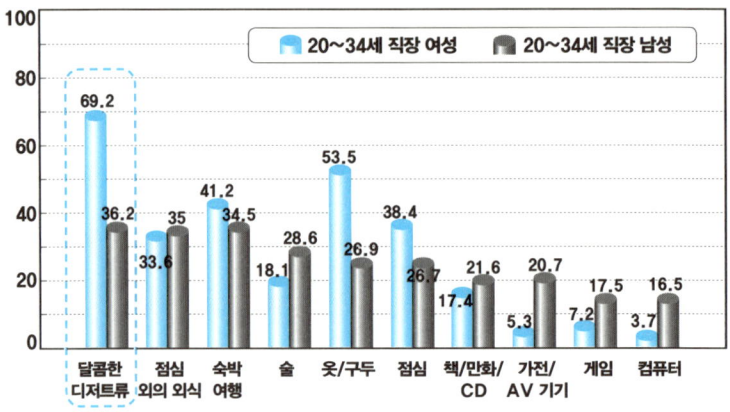

* 자료 : 〈일본의 소비, 유통 동향〉, 2009.

〈그림 3-1〉 일본 직장 여성과 직장 남성의 작은 사치 대상

있는 경향을 볼 수 있다. 즉, 트렌드 변화에 따라 달콤한 먹을거리 속에 능력 있는 젊은 여성들의 작은 사치에 대한 니즈가 존재하는 것이다. 이러한 니즈를 상품에 반영하여 제과 상품은 단순한 스낵이나 쿠키로 많은 양을 저가에 판매하려고 하기보다는 여성의 감성에 맞추어 과자 하나에도 여성만의 센스를 담아주려고 하는 노력이 필요하다.

- 바쁘게 출근하느라 식사를 놓친 아침. 허겁지겁 허기를 채우는 것이 아니라 우아하게 커피 한 잔과 함께하면서 몸도 마음도 안정감을 찾게 해줄 수는 없을까?
- 출근 후 열심히 일하고 난 후 10시, 잠깐의 여유를 찾는 달콤한 시간. 열심히 일한 나에게 주는 작은 선물은 어떤 것이 좋을까?
- 점심 식사 후 나른해진 몸에 새로운 활기를 주며 오늘 하루도 회사

에서의 생활을 좀 더 활력 있게 해줄 수는 없을까?

- 귀가 후 늦게 잡지를 보거나 케이블 TV이에서 내가 좋아하는 프로그램을 보면서 살찔 우려 없이 즐기면서 먹을 수 있는 스낵은 없을까?

이렇듯 나의 삶 속에 부드럽게 녹아드는 작은 사치가 되어줄 수 있는 무엇이 필요해진다. 이런 여성의 감성을 충족시키는 상품은 어때야 할까?

여성들 대부분이 다이어트에 신경 쓴다는 측면을 부각시켜 포장에 칼로리 얼마라고 크게 적어놓아 먹을 때마다 남들의 시선이 '저 여자 살 빼야 하나 보다'라는 생각을 갖게 만드는 상품이면 될까? 포장은 알록달록하고 바스락거리는 소리가 나는 커다란 스낵이면 될까? 한번 먹고 나면 손에, 입술 언저리에 기름이나 가루가 잔뜩 묻고 주변에도 과자 가루가 잔뜩 떨어지는 과자라면 어떨까? 맛은 있지만 먹고 나면 더부룩하고 내 몸에 몹쓸 짓을 하고 난 듯한 죄책감을 느끼게 하는 성분이면 될까? 당연히 이런 과자는 절대로 여성의 감성을, 라이프스타일을 만족시킬 수 없을 것이다. 이것이 기존의 과자들이 여성 시장에서 성공하지 못한 이유다.

일단 여성의 감성과 라이프스타일을 충족시키는 과자는 포장에 신경을 써야 한다. 포장 단위가 소포장으로 한 번에 먹기 좋고 가방에 넣었을 때도 부피감이 크게 느껴지지 않으면서 잠깐 보이는 패키지 모양도 색상도 센스 있게 고급스러워야 한다. 포장의 문구는 과자가 이러저러하다고 파는 사람 입장의 장황한 설명이 아니라 사는 사람, 먹는 사람 입장에서 요점만 간단하게 적혀 있어야 한다. 과자의 재료, 과자를 먹을 때 느껴지는 기분, 그리고 기타 자세한 성분 표시 등은 과자를 뜯은 포장의 안쪽에 적어도 충분하다. 이왕이면 친환경 재료를 사용하는 것이 나의 감각과 더 맞을 듯하다. 스마트한 나를 위해서는 정신적 여유와 함께 육체적으로 살찌지 않고 건강한 것도 중요하기 때문이다.

이렇듯, 고객과 시장은 기업이 과거에 알던 그 고객과 시장이 아니다. 고객과 시장은 변화하고 있고, 이런 변화를 감지하는 기업은 성공 사례를 만들어가고 단편적으로 고객을 이해하는 기업은 실패 사례를 갖게 되는 것이다. 이어지는 4장과 5장에서는 이러한 고객과 시장의 변화를 읽을 수 있는 정보를 효과적으로 얻는 방법에 대해 이야기해보자.

트렌드 코드의 이해와 변화하는 환경에 대한 대응

먼저 최근 기업 환경 전반, 특히 고객의 다이내믹한 변화 양상을 구체적으로 살펴보았다. 이러한 변화는 기업이 여기에 어떻게 대응하느냐에 따라 기회 요인이 될 수도 있고, 위협 요인이 될 수도 있다. 환경 변화를 기회 요인으로 활용하려면 고객과 환경 변화의 어느 한 측면만을 부각시키는 단편적 대응으로는 부족하다. 고객의 태도와 행동 변화에 영향을 주는 근본적인 원인, 즉 트렌드 코드를 이해하는 차원에서 접근해야 한다.

주목해야 할 몇 가지 트렌드 코드

1. 우머노믹스 : 여성의 경제활동 참여, 사회적 지위 향상에 따라 여성이 구매 의사결정에 개입하는 영역의 확대, 개입 정도의 심화가 나타남
2. 개인화된 소비의 확대 : 독신 세대의 증가에 따라 혼자서 즐기는 개인화 소비가 증가함
3. 라이프스타일 특화 : 상품을 구매하는 기준으로 합리적 · 이성적 측면보다 라이프스타일에 맞는가가 중요해짐
4. 진화하는 웰빙 : 이미 오래전에 등장한 트렌드 코드로, 초기의 유기농 식품 선호와 같은 내 몸의 건강을 중시하는 단계에서 최근에는 생활 습관 자체를 개선해서 건강과 젊음을 오래도록 유지하고자 하는 단계로 진화함

MARKET
SENSING

제4장

고객이 표출하는
정보 수집하기

시장과 고객의 변화를 읽어내려면 다양한 정보를 수집하는 것이 선행되어야 한다. 우리가 수집해야 할 시장과 고객에 대한 정보는 고객이 말로, 글로, 행동으로 어딘가에 표현하는 정보와 고객이 표출하지 못하여 잠재되어 있는 정보로 구분할 수 있다. 4장에서는 먼저 고객이 표현하는 정보를 좀 더 효율적으로 수집하는 방법에 대해 알아보자.

01
무인도에서
토끼 사냥하는 법

한 젊은이가 무인도에 표류하게 되었다. 배는 고픈데 가지고 있는 식량은 없고 어찌 살아야 할지 무섭고 막막하기만 하다. 살 궁리를 하며 무인도를 여기저기 관찰하던 젊은이는 토끼를 발견한다. 젊은이는 이 무인도에서 살아남으려면 어떻게 해서든 저 토끼를 잡아먹어야겠다고 생각한다. 하지만 빠르게 달리는 토끼를 어떤 방법으로 잡을 수 있을까? 무턱대고 잡으려고 쫓아다녀서는 힘만 빠지고, 그러면 배는 더 고파질 것이다. 그보다는 토끼가 지나다니는 길목에 매복하고 있다가 덮쳐야 토끼를 잡을 수 있을 것 같다. 곰곰이 주위를 살피던 중 토끼가 숲 속 오솔길의 갈림길에서 오른쪽으로 지나가는 것을 목격한다. '어라, 그러면 저기서 매복하고 있다가 덮치면 될까?' 하고 생각하지만 우연히 그 길로 지나간 것인지 아니면 거기가 토끼가 지나다니는 길목인지 확신할 수가 없다. 매복하고 있다가 괜히 토끼가 반대로 지나가서 놓치면 오히려 토끼만 놀라게 해서 다시는 근처에 얼씬도 안 할지도 모른다. 그래서 젊은이는 조금 더 그 길목에서 지켜보기로 한다. 그러자 얼마 후에도 토끼가 같은 방향으로 지나갔다. 이튿날에도 같은 오솔길에서 오른쪽으로 토끼가 지나가는 것을 발견한 젊은이는 이제 확신을 갖는다. 그리고 마침내 오솔길 오른쪽에 매복하고 있다가 토끼를 잡는 데 성공한다.

오솔길에서 토끼가 첫 번째로 오른쪽 혹은 왼쪽으로 지나갈 확률은 각각 2분의 1이다. 우리가 주사위를 던졌을 때 1이 나올 확률이 6분의 1인 것과 같은 이치다. 하지만 두 번째, 세 번째도 토끼가 오른쪽으로 지나간 것을 목격한 상황에서 네 번째에 토끼가 오른쪽으로 지나갈 확률은 어떻게 될까? 이번에도 주사위를 몇 번 던져도 1이 나올 확률은 6분의 1인 것처럼 2분의 1에 불과할까? 수학자들이 계산해낸 바에 따르면 토끼가 오솔길을 지나가는 확률은 주사위를 던질 때 1이 나오는 경우처럼 각각이 독립적이지 않기 때문에, 즉 토끼는 일정한 습성을 지니고 있기 때문에, 'n지나간 횟수 / n+1'로 계산된다고 한다. 즉, 토끼가 3번 연속 오른쪽으로 지나간 것이 확인된 상황에서는 네 번째도 똑같은 방향으로 지나갈 확률이 5분의 4가 된다. 2분의 1보다 훨씬 높은, 토끼를 잡으려는 젊은이가 확신을 가질 만한 확률이다.

시장과 고객의 변화에 대한 정보는 어떠할까? 각각의 정보가 주사위를 던질 때 나오는 숫자처럼 서로 독립적일까? 그렇지는 않다. 그보다는 각각의 현상이 상호 영향을 미치는 구조라 할 수 있다. 고객의 구매 행동만 봐도 자신의 구매 경험이 다음 구매 의사결정에 영향을 미칠 뿐만 아니라 주변 다른 사람의 구매 의사결정에도 영향을 미친다. 이처럼 정보, 특히 우리가 관심 있는 시장과 고객의 정보라는 것은 일회성일 때는 아무런 의미도 없는 듯해서 거기서 어떤 인사이트를 발견하기가 쉽지 않다. 이 현상이 어쩌다 특이한 상황에서 나타난 것인지, 아니면 앞으로 이러한 변화가 가속화되면서 나에게 어떤 기회나 위협을 줄 것인지 판단하기 쉽지 않다. 하지만 무인도에서 토끼 사냥을 한 젊은이의 사례에서 보는 것처럼, 하나의 정보만 가지고는 어떤 의사결정을 내리기가 위험하지만 누적된 정보를 통해 어떤 공통점을 발견하면 의사결정에 확신이 생기고 일을 추진하는 데도 자신감이 붙는다. 이렇듯 정보라는 것은 축적하면서 변화의 추이를 지켜볼 때 고객과 시장의 변화를 감지하기도 쉬워지고, 사업을 추진할 때의 리스크Risk도 줄여서 더욱 추진력을 갖게 한다.

02
정보의 사이클을
이해하라

누적된 자료를 통해 새롭고 의미 있는 정보를 만들어내는 사이클을 이해하면 좀 더 쉽게 정보 축적의 중요성을 인식할 수 있다. 우리가 한마디로 '정보'라고 칭하지만, 사실 정보는 〈그림 4–1〉에서 보는 것처럼 네가지로 구분될 수 있다.

먼저, 특수한 상황에서 나와 내 비즈니스와는 무관한 듯한 곳에서 단발로 발생하는 정보를 일반적으로 데이터Data라고 부른다. 이는 가공 처리 혹은 정리가 되지 않은 객관적 정보로, 상황 특이적이라는 특성을 지닌다. 각종 실험 결과 데이터, (기술·기능 관련) 고객 VOC, 고객 만족도 조사에서 각각의 항목에 대해 고객이 평가한 값 등이 여기에 속한다. 이런 데이터만 보고 뭔가 의미를 뽑아내는 것은 쉽지도 않고, 어떤 인사이트를 뽑아냈다고 해도 거기에는 주관이 깊게 개입된 경우가 많기 때문에, 모든 것을 책임질 수 있는 오너 경영자가 아니라면(물론 오너 경영자도 사업화에 많은 리스크를 느끼지만) 이를 활용하여 실행에 옮기기는 어렵다.

하지만 이런 데이터가 누적되어서 공통점을 이루는 몇 가지 현상으로 나타나기 시작하면서 상황 특이적 사항이 아닌, 보편적 상황에서 일반적으로 나타나는 현상으로 해석이 가능한 인텔리전스Intelligence가 된다. 다시 말해, 특정 시간, 특정 장소, 특정한 상황에서만 발생하기 때문에, 무시할 수도 있는 일에서 일반적으로 발생하는 상황, 즉 기업의 대응이 필요한 사항으로 판단할 수 있게 된다. 접점에서의 다양한 요구 사항과 구매 데이터가 모아지고 분석된 각종 트렌드 자료나 연구 자료 등이 이러한 인텔리전스에 속하는 정보다. 이는 각각의 현상이 아니라 그 속에서 의미를 읽어낸 중요한 정보로 인식된다.

하지만 이 단계에서도 이러한 정보를 사업에 접목하여 해석해내는 것은 쉽지 않다. 이러한 인텔리전스가 또다시 개인 차원 또는 조직 차원에서 노하우Know-how로 축적되는 단계를 거쳐야 하기 때문이다. 이 단계

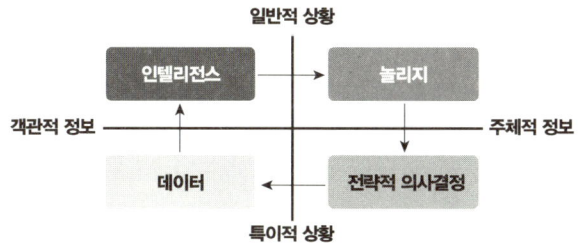

〈그림 4-1〉 정보의 유형과 정보 창조 사이클

의 정보는 일반적으로 놀리지Knowledge라고 한다. 물론 이러한 놀리지를 축적하려면 다양한 인텔리전스를 분류하여 각각의 중요도를 판단할 수 있어야 한다.

마지막 단계는 전략적 의사결정 단계로, 지금까지 축적된 놀리지를 기반으로 새롭게 진행하고자 하는 비즈니스, 상품, 서비스를 시장의 특수성을 감안하여 어떻게 전개해야 할지에 대해 결정하는 것을 의미한다. 이는 정보를 수집하고 분석하는 궁극적인 목적이기도 하다. 이러한 단계를 거치면서 다시 수집해야 할 데이터의 항목이 수정·변경되고 인텔리전스, 놀리지, 전략적 의사결정으로 순환되는 사이클이 돌아간다.

여기에서 한 가지 중요한 것은 데이터 없이 인텔리전스가, 인텔리전스 없이 놀리지가, 또 놀리지 없이 전략적 의사결정이 이루어질 수 없다는 것이다. 데이터는 언뜻 하나하나가 별 의미를 지니지 않는 것처럼 보이지만, 〈그림 4-2〉에서 보는 것처럼 이러한 데이터가 모아진 기반이

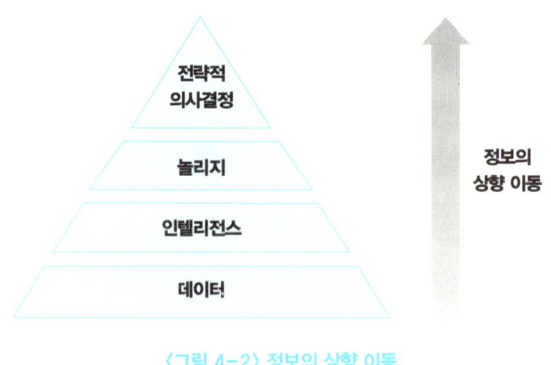

〈그림 4-2〉 정보의 상향 이동

없이는 인텔리전스, 놀리지, 전략적 의사결정으로 연결되는 정보의 상향 이동이 불가능하다. 그만큼 데이터의 수집이 중요하다 할 것이다.

이제 정보, 즉 데이터를 모으는 단계로 넘어가 보자. 기업에서 쉽게 얻을 수 있는 시장과 고객의 변화와 관련된 정보에는 어떤 것이 있을까? 기업이 얻어야 하는 정보에는 굳이 고객에게 묻지 않아도 파악할 수 있는 매출이나 경쟁 정보 등 시장 현황 정보가 있다. 하지만 이런 정보는 미래 정보가 아니라 기업이 이미 상품과 서비스를 제공한 결과 만들어진 과거 자료이기 때문에, 실적 분석이나 성과 관리에 활용할 수는 있으나 이런 정보만으로 미래 시장을 준비하기는 어렵다.

그렇다면 미래 시장에 대한 답을 줄 수 있는 시장과 고객의 정보는 어떻게 구할까? 먼저, 고객이 표출하는 정보를 생각해볼 수 있다. 고객이 말로, 글로, 행동으로 어딘가에 표출한 정보다. 이런 정보 속에는 이미 기업이 제공한 상품과 서비스에 대한 불만 사항, 요구 사항이 들어 있기 때문에 기업이 기존 고객을 지속적으로 유지하기 위해 개선해야 할 현재의 문제점을 분석해내는 데 활용할 수 있다.

다음으로, 고객이 표출하지 못하거나 표출하지 않지만 잠재되어 있어 앞으로 비즈니스 방향을 도출하기 위해 필요한 정보가 있다. 이런 잠재 정보는 기업이 너무도 얻고 싶어 하는 정보이지만 두 가지 문제점을 가지고 있다. 첫 번째는 정보를 얻기가 쉽지 않다는 점이다. 그렇기 때문에 이런 정보를 얻으려면 새로운 방법이 필요하다. 두 번째는 정보를 얻었다 하더라도 사업화를 추진하는 데는 리스크가 크다고 느끼는 것이다. 사업화를 실현하는 방법, 사업화 시점, 사업의 추진 규모 등을 확실하게 결정하는 것이 무척 어렵다고 느끼게 된다. 그렇기 때문에 고객과 시장의 정보를 통해 이러한 리스크를 가능한 한 최소화하고 사업화를 추진하려면 어떤 정보를 어떤 방법으로 어떻게 얻고 어떤 단계를 거쳐 사업화해야 할지가 궁금하지 않을 수 없다.

이번 장에서는 먼저 고객이 표출하는 정보를 효과적으로 획득하는 것에 대해 이야기해보고, 고객이 표출하지 못하지만 잠재된 정보를 수집하는 방법은 다음 장에서 이야기하도록 하자.

03
고객이 표출하는 정보 채널

고객이 표출하는 정보 채널은 온라인, 오프라인 매우 방대하다. 그동안 정보가 없어서 분석이 안 되었다기보다는 너무 많아서 어떻게 분석해야 할지 막막했던 경우가 더 많을 수도 있다. 많은 정보가 있는데도 왜 기업은 고객과 시장을 이해하기 어렵다고 느낄까? 해답은 두 가지 측면에서 찾을 수 있다. 첫째, 기업이 시장과 고객의 변화를 이해하는 데 반드시 필요하지만 놓치는 주요 정보가 있는 경우다. 핵심 정보를 놓치는 것은 아직 중요성을 인식하지 못해서 수집하지 않았거나, 전체 정보가 너무 방대하다 보니 주요 정보를 어디에서 찾아야 할지 모르기 때문이다. 즉, 고객들은 이미 불만 사항이나 요구 사항으로 기업에 열심히 이야기하고 표출하지만 기업이 아직 그 소리를 중요한 정보로 인식하지 못하고 기업이 획득한 자료가 전부인 양 그것만으로 시장과 고객을 이해하려고 하는 것이다. 이런 상황에서는, 장님이 코끼리 다리만 만지고 코끼리는 큰 기둥처럼 생긴 것이라고 인식하는 것처럼, 고객과 시장을 잘못 이해하는 경우가 발생한다.

A 골프장은 주요 고객인 회원들과 골프장 간에 상호 불신의 골이 깊어져 소송까지 불사하는 심각한 문제를 가지고 있었다. 이런 문제가 왜 발생했는지에 대해 분석해보니, 기업과 회원의 주요 정보 채널에 문제가 있었다. 먼저, 기업은 고객이 반복적으로 제기하는 요구 사항과 불만에 대해 적극적으로 정보를 수집하는 것을 간과했고, 그러다 보니 이 문제에 대해 고객의 오해를 풀 수 있는 시기를 놓쳤다. 한편 고객은 회원 모임 등에서 골프장에 대한 불만과 그 원인을 서로 공유하며 오해를 키워갔고, 결국 골프장과 회원 간에 불신의 골은 점점 더 깊어지는 상황이었다. 이러한 현상은 그 기업이 고객의 니즈를 수집하는 정보 채널에서 극명히 드러나는데, 〈그림 4-3〉에서 보는 것처럼, 기업과 회원 간에 다양한 채널이 존재하는데도 실제 회원들은 기업에서 직접 통제하기 어려운 회원들 간의 대면 채널에서 기업이 직접 발송하지 않은 정보를 근거로 골프장에 대한 오해를 확대 재생산하는 상황이었던 것이다. 이 기업은 단계적으로 비대면 채널인 기업의 홈페이지나 통신문, 혹은 대면 채널인 회원 총회, 접점 직원 등을 통해 고객이 궁금하게 여기고 요구하는 정보를 좀 더 적극적으로 공유함으로써 신뢰를 쌓아가는 작업을 진행하여 문제를 단계적으로 풀어갈 수 있었다.

이처럼 기업 관점의 편중된 채널 관리는 고객과 시장의 요구 사항을 간과하고 해결안을 제시할 타이밍을 놓치게 할 우려가 있다. 따라서 시

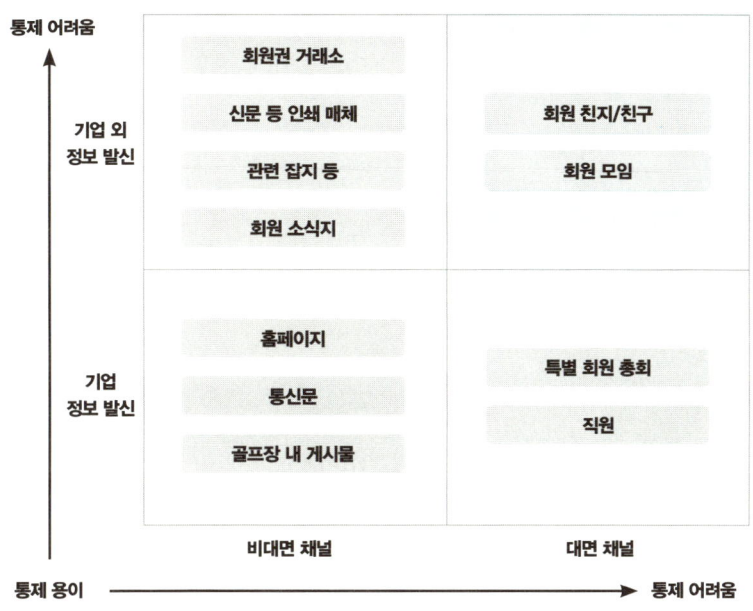

〈그림 4-3〉 A 골프장의 고객 커뮤니케이션 채널

장과 고객의 변화 관점에서 기존에 관리하던 채널의 정보 수집 내용을 재검토하여 실효성을 높이고, 지금까지 관리되지 않았지만 의미 있는 정보를 얻을 수 있는 채널에 대한 관리 방안을 마련하는 것이 필요하다.

이 사례는 이 기업에만 국한된 문제가 아니다. 많은 기업이 이런 문제를 안고 있어, 이를 해결하기 위해, 즉 고객과 시장을 제대로 이해하기 위해 추가로 획득해야 하는 정보를 어떻게 파악할 것이냐가 문제가 된다.

정보는 많지만 고객과 시장을 이해하기 어려운 두 번째 이유는 정보를 수집하기는 했지만 어떠한 정보를, 왜 얻어야 할지 명확하지 않은 상태에서 수집했기 때문에 효과적으로 활용하지 못하는 경우다. 결국 이미 모은 정보에서 무엇을 얻어야 할지 명확히 하는 것이 필요하다.

이제 두 가지 문제가 명확해졌으니, 이 문제들을 어떻게 풀어나가야 할지 함께 정리해보자.

이 문제를 해결하기 위해 고객이 표출하는 정보를 어떻게 어디에서 얻어야 할까? 정보를 얻을 수 있는 채널을 〈그림 4-4〉의 매트릭스로 구분해서 정리해보자. 먼저 세로축은 기업에서 관리하느냐 관리하지 않느냐로 구분한다. 물론 관리 여부는 기업에 따라 분명 차이가 있을 것이나, 이 책에서는 일반적인 경우로 나누어 살펴보자. 세로축은 기업에서 채널을 적절히 관리하느냐에 따라 기존에 기업이 관리하고 있지만 좀

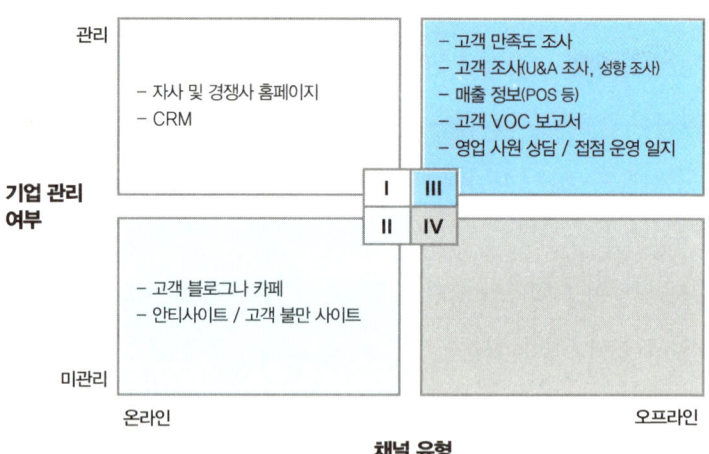

〈그림 4-4〉 시장/고객 정보 획득 채널

더 효과적인 방법을 찾아야 하는 경우를 관리로, 기업에서 아직 관리하지 못하지만 고객이 이미 니즈를 표현하여 수집해야 하는 정보를 얻을 수 있는 채널을 미관리로 나누었다. 가로축은 채널 유형으로서 온라인과 오프라인으로 나누어 사분면의 정보 채널 구분 매트릭스로 작성했다.

04
온라인 관리
채널

기업들 대부분은 온라인 채널로 홈페이지를 운영한다. 그런데 재미있는 것이, 자사의 홈페이지는 고객에게 자사를 알리는 공간으로만 인식하는 경우가 대부분이라는 것이다. 이러하다 보니 홈페이지는 대부분 광고나 홍보, 혹은 마케팅에서 신제품이나 새로운 서비스, 새로운 이벤트가 나왔을 때 등록하는 용도로 국한되어 활용되고, 정보를 수집하는 부분에서도 적극적으로 활용되지 못하는 경우가 많다. 또한 홈페이지를 단순 홍보 채널로 인식하다 보니, 광고·홍보 부서가 아닌 직원들은 자사 홈페이지에 공개되어 있는 자사 소식을 모르는 경우까지 발생하는 것을 종종 볼 수 있다. 홈페이지는 고객과 소통하는 첫 번째 관문이며, 고객의 소리를 들을 수 있는 가장 손쉬운 채널이기도 하다. 따라서 고객에게 알리고 싶은 내용, 자사 상품과 서비스에 애착을 갖게 할 소재를 제공하는 동시에 고객과 소통하는 채널도 될 수 있는 것이다.

물론 홈페이지를 방문하여 자신의 니즈를 표출하는 고객은 고객 중에서도 관여도가 매우 높은 고객이다. 즉, 애정이 매우 많고 더 많은 것을 알고 싶어 하는 긍정적인 상위 10퍼센트이거나, 자사의 상품과 서비스에 극도로 화가 나 있는 하위 10퍼센트 고객인 것이다. 이들의 정보는 시장을 대표하는 정보라기보다는 자사가 당장 해결해야 할 긴급한 문제이거나 앞으로 상품과 서비스에 대한 아이디어의 시발점이 될 수 있는 정보다. 따라서 자사 홈페이지에 더 많은 고객이 들어오도록 매력 요인을 갖추고 상호 의사소통을 할 수 있는 공간으로 자리매김하게 하는 것이 필요하다. 이는 광고·홍보 효과만 있는 것이 아니라, 상품 기획, 마케팅 관리, 영업, 생산, 관리 등 모든 부서 직원들이 제품과 서비스에 대해 고객이 느끼는 만족/불만족과 제안 사항을 알 수 있는 구심점 역할을 하고, 시장과 소통하는 창구 역할을 할 것이다.

동일한 관점에서 경쟁사의 홈페이지도 활용할 수 있다. 경쟁사 홈페이지에서 파악 가능한 내용을 좀 더 구체적으로 살펴보면, 먼저 경쟁사의 이벤트나 행사 내용을 쉽게 파악할 수 있다. 물론 지역적으로, 산발적으로 벌이는 행사는 홈페이지를 통해서 파악하기 어렵다. 이런 내용은 뒤에 다른 채널에서 좀 더 이야기하기로 하자. 홈페이지에서는 경쟁사 전사 차원에서 이루어지는 이벤트에 대해 내용과 이벤트 목적, 방법을 재빨리 파악할 수 있다. 이런 경쟁 속보는 관련 키워드 검색엔진을 사용하여 매일, 매시간 모니터링을 할 수도 있다.

두 번째로는 경쟁 상품의 동향을 파악할 수 있다. 상품 소개 내용을 통해 경쟁사의 상품 라인과 상품별 특장점, 주요 소구 내용을 파악할 수 있다. 그뿐만 아니라 집중하는 상품 라인이 무엇인지, 이 기업이 앞으로 어떤 방향으로 집중하고자 하는지도 파악할 수 있다. 이 내용을 중심으로 자사와 경쟁사 제품에 대한 비교·분석을 진행할 수 있다.

세 번째로는 경쟁사 고객의 불만, 요구 사항, 제안 등을 통해 경쟁 상품과 서비스의 경향을 파악할 수 있다. 경쟁사 제품의 문제점과 불만점이 무엇인지, 이 기업은 그 문제를 어떻게 풀어가는지 등 경쟁 분석에 유용한 정보를 얻어낼 수 있다.

마지막으로는 경쟁 전략 방향을 파악할 수 있다. 특히 경쟁사 임원의 PR 자료나 신년사 등을 통해 앞으로 이 기업이 어떤 방향으로 어떤 사업에 집중하면서 사업을 펼쳐나갈지에 대해 많은 정보를 얻을 수 있다. 이러한 전략으로 차기 상품과 이벤트를 연결시키며 분석하다 보면, 앞으로 이 기업이 어떤 전술을 펼칠지에 대해 우리가 원하는 통찰도 얻게 될 것이다.

05
온라인 미관리 채널

이제 온라인을 통해 고객의 의견과 불만 사항이 이미 노출되어 있지만 관리가 잘 안 되는 주요 채널에 대해 알아보자. 대표적인 온라인 채널은 블로그와 카페, 안티사이트, 고객 불만 사이트 등이다. 물론 기업에 따라서는 이에 대한 모니터링을 전담하여 이를 관리하는 것을 주 업무로 하는 직원을 둔 기업도 있다. 일반적인 기업은 아니지만 일부 기업은 이러한 방식으로 적극적으로 고객의 소리를 모은다. 하지만 기업들 대부분은 이렇게 할 만큼 인적 자원도 없고, 그렇게까지 회사 내부의 시간과 자원을 들일 필요성도 느끼지 못한다.

과거에는 고객의 불만이 개인적인 취향 문제나 관리 부주의로 인한 문제 정도로 인식되었다. 반면 최근에는 기업과 고객의 문제, 사회문제를 다루는 프로그램이 텔레비전과 인터넷을 통해 제공되면서 불만이 하나의 중요한 사회현상이 되었다. 이에 따라 고객이 불만 내용에 대해 과거보다 적극적으로 공개할 뿐만 아니라 기존에 드러나지 않던 불만을 찾는 상황으로 변화하고 있고, 불만에 대한 대응도 불만의 원인을 규명하고 규명된 원인에 대해 명확히 기업에 보상을 묻는 차원으로 변화하고 있다. 보상이나 대응의 방법도 단순히 개인적으로 대응하기보다는 사회문제로 다뤄 기업에 근본적인 대응을 요구하고 있다. 따라서 기업에서도 단순히 불만 해결 차원이 아닌 기업의 이미지, 사활이 걸린 문제로 발전되고 있다.

이에 따라 불만 정보를 적극적이고 빠르게 수집하고 대응하지 못하면 호미로 막을 것을 가래로도 막지 못하는 사태가 벌어진다. 단순히 기업의 상품과 서비스에 대한 불만을 넘어서서 부정적인 이미지를 형성하고, 이에 대한 근거와 감성을 실어 관련 내용을 적극 수집하고, 이를 기반으로 집단화하여 의견을 선도해가는 안티사이트도 있다. 또한 개인적인 블로그나 카페에서도 제품과 서비스에 대한 사용 후기, 체험 내용 등을 적극적으로 담기 시작하면서 영향력을 키워가고 있다.

시장이 성숙되면 고객은 도입기나 성장기 단계에서처럼 제품에 대한 정보가 부족해서 기업이 제공하는 정보와 혜택에 관심을 갖기보다는, 다른 소비자의 의견과 체험을 중요하게 생각하고 이러한 정보에 좀 더 신뢰감을 갖는다. 특히 장점을 이야기하는 것보다는 부정적 사용 경험이나 문제점을 알아내어 그 문제로 본인이 피해를 볼 수 있는 상황을 사전에 피하려는 경향이 강해진다. 따라서 부정적인 경험의 사례는 그 실체보다도 좀 더 강력하게 인식되며, 기업의 경영에 영향을 미친다. 결국 대응을 해도 그만이고 안 해도 그만인 것이 아니라 적극적으로 정보를 파악하고 조기에 대응하는 것이 피해를 줄이고 문제를 쉽게 해결하는 방법이다.

하지만 이러한 온라인 정보는 워낙 방대하여 기업이 일일이 파악하기 어렵다는 문제가 있다. 최근에는 키워드 검색이나 자체적으로 웹 크롤링* 기능을 활용하여 분석하는 경우가 증가하고 있다.

• **웹 크롤링(Web Crawling)** : 웹 크롤러(web crawler)는 조직적이고 자동화된 방법으로 웹 문서를 탐색하는 컴퓨터 프로그램으로, 웹 크롤러가 하는 작업을 웹 크롤링이라고 한다. 웹 크롤링은 원래는 웹사이트의 최신 상태 유지와 빠른 검색을 위한 인덱싱 작업으로 진행되었지만, 최근에는 웹상의 방대한 정보 중 관심 정보를 수집하는 용도로 사용하고 있다.

06
오프라인 관리 채널

온라인은 쉽게 전파되기 때문에 파급 효과가 크다. 그만큼 폭넓은 정보를 빠르게 수집하는 데 유용하다. 하지만 깊이 있는 내용이나 그 내용에 대한 원인을 규명하는 데는 한계가 있는 것이 사실이다. 온라인 정보를 수집하고 대응하지 않는 것은 기업이 모르는 사이 오해와 다양한 해석을 통해 폭넓은 대중에게 영향을 미치게 되므로 온라인 정보를 파악하는 것이 중요했다면, 오프라인 정보는 기업의 의사결정에 필요한 정보를 얻기 위해 중요하다. 오프라인 채널 정보는 온라인이 가진 한계를 극복하고 기업이 의사결정을 내릴 수 있도록 근거 자료를 제시하며 대응안을 개발하는 데 중요한 역할을 한다. 먼저, 기업이 일반적으로 오프라인에서 정보를 수집하는 기존 채널에서 나타나는 문제점을 짚어보고 좀 더 효과적으로 정보를 수집하기 위한 의견을 정리해보겠다.

일반적으로 기업이 오프라인 채널로 관리하는 정보는 고객 만족도 조사, 고객의 사용 실태Usage & Attitude 조사, 매출 정보, 고객 VOC, 영업 사원 상담 일지, 접점 운영 일지 등이다. 이러한 조사와 접점 기록을 통해 고객과 시장의 정보를 수집하고 있으나, 많은 기업의 담당자들이 겪는 어려움은 모아진 이 자료를 가지고 당장 해결해주어야 하는 고충 사항 처리 정도 외에는 딱히 써먹을 데가 없다는 것이다. 기업에서 많은 자원과 시간을 들여 수집한 정보이지만 왜 그다지 도움이 되지 못한다고 느낄까? 분명 자료 자체가 불필요한 것은 아니다. 결론부터 이야기하면, 어떤 자료를 모을 것인가 하는 명확한 목적의식을 토대로 자료를 수집했다기보다는 모을 수 있는 자료를 모은 데에 문제의 원인이 있다. 즉, 어떤 자료를 모을 것인가 하는 목적과 고민을 가지고 시작했다면, 고객이 말하는 것, 말하는 이유, 배경을 파악할 수 있는 몇 가지 장치(추가 질문)만 있어도 모아진 자료를 가지고 활용할 만한 대응안을 찾을 수 있기 때문이다. 또한 의도적으로 고객을 찾아가지 않고도 고객과 접촉이 있을 때 자연스럽게 정보를 얻을 수 있기 때문에 기업은 고객과 시장을 좀 더 쉽게 이해할 수 있다.

대표적으로 상담 일지를 예로 들어보자. 기업들 대부분이 영업 사원에게 영업 상담 일지를 작성하게 한다. 하지만 많은 영업 사원이 영업 상담 일지를 고객과 기업을 연결하는 중요한 수단이라고 인식하기보다는, 본인이 한 업무에 대해 회사에서 관리하는 수단이라고 인식한다. 따라서 고객의 요구 사항이나 제안 사항, 변화의 내용을 상세히 파악해서 작성하기보다는 고객이 요청한 것 중 크게 문제가 되지 않을 내용이나, 작성하지 않을 경우 본인에게 문제가 될 만한 내용만 작성한다. 이렇게 작성하다 보니, 영업 사원의 역량과 마음가짐에 따라 동일한 고객에게 동일한 요구를 받더라도 적히는 내용은 사뭇 달라지는 것이다. 작성된 영업 상담 일지를 기업이 활용하는 범위를 봐도 크게 다르지 않다. 영업 담당 관리자가 내용에 대해 사인하고 특이 사항에 대해서는 조치를 하는 관리 차원으로 활용되는 것이다. 하지만 영업 상담 일지나 접점 운영 일지 등은 기업을 대표하여 고객 접점에서 고객의 소리를 기록한 것이다. 따라서 어떻게 접근하느냐에 따라 시장과 기업의 연결 고리가 될 수도 있고 단순 관리 자료가 될 수도 있다.

한편, 많은 영업 사원이 겪는 어려움 가운데 하나는 기업에서 요구하는 시장/경쟁 정보의 수집이다. 경쟁 첩보적인 정보, 시장의 흐름을 이해하는 데 도움이 되는 정보를 수집해달라는 것이다. 어찌 보면 고객과 가장 가까운 채널에 가장 생생한 정보를 요구하는 것은 당연한 일이다. 하지만 실제 운영하는 데에서는 문제가 발생한다. 상품 개발 부서에서 경쟁 상품 정보 수집은 A 양식으로, 2주 후 영업 기획 부서에서 경쟁사 판촉 정보 수집은 B 양식으로, 또 일주일 후 관리 부서에서 경쟁사 마진이나 인센티브 내역 정보 수집은 C 양식으로, 또 2주 후 판매 기획 부서에서 경쟁사와 자사의 재고 현황 파악 정보 수집은 D 양식으로 요구하는 것이다. 완전히 같은 내용은 아니지만 이를 작성하려고 거래처에 방문할 때마다 조금씩 다른 내용으로 여러 번 질문을 던지다 보면, 거래처 담당자도 화를 내고 이런 내용을 물어보는 영업 사원도 점점 짜증이 나게 된다.

그러하다 보니 어떤 때는 적당히 아는 내용으로 적어내기도 하고 어떤 때는 미루다가 자료를 내지 않는 경우도 발생한다. 영업 사원 입장에서는 당연히 이런 의문이 들지 않을 수 없다. 왜 회사에서는 중요한 의사결정에 필요한 정보를 영업 사원이 일하기 쉽게 정확히 파악해 올 수 있도록 정리해서 요청하지 않는 것일까? 어차피 회사 경영에 필요한 정보라는 것이 매년 완전히 달라지지는 않을 텐데, 이런 정보의 수집을 좀 더 계획적으로 지시하면 일하는 사람도 쉽고, 거래처 고객도 짜증 나지 않고, 유관 부서도 매번 자료 독촉을 안 해도 되지 않을까? 이러한 내용을 아예 영업 상담 일지에 담으면 거래처를 방문할 때마다 무엇을 적어야 하나 고민하지 않아도 되지 않을까?

이렇듯 영업 상담 일지, 고객 접점 일지 부분에 작성되어야 할 내용을 기업의 각 부서가 사전에 협의하고 이 내용을 구조화해서 양식을 만들어두면, 접점 직원들도 고객을 접할 때 기업이 필요로 하는 정보를 효율적으로 얻을 수 있고 기업도 접점을 통해 고객과 시장 정보를 원활하게 획득하고 누적적으로 관리하기 편하다.

많은 기업이 심혈을 기울여 정보를 수집하고 분석하는 고객 만족도 조사의 경우도 한번 생각해보자. 만족도 조사는 기업이 생존을 위해, 시장과 고객의 정보를 기업의 향후 미래 설계에 활용하고자 진행한다기보다는 만족도 등수가 발표되기 때문에 강제로 따라가는 경향이 없지 않다. 사실, 이러한 만족도 조사가 1990년대 우리 기업의 상품과 서비스의 질적 향상을 이끌어낸 요인이 된 점도 간과해서는 안 된다. 기업들이 양적 성장에 집중하며 고객 서비스에 관심이 없던 시점에서 만족도

고객명		방문 일자	
방문 목적		방문 상담 준비 자료	
고객사 기초 정보		경쟁사 동향 정보	
업무 추진 부서별 담당자 연락처		경쟁 제품 특성	
특이 사항 및 변동 사항		거래 조건 변화	
고객사 동향 정보		이벤트 및 판매 동향	
제품 및 서비스 제안 요구 사항			
회사 지원 요구 사항 및 향후 추진 계획			

점수 결과를 발표함으로써 강제적으로라도 기업 경영자들에게 고객 만족 관리에 자원을 투입하도록 했기 때문에, 우리나라 상품과 서비스의 질적 향상에 중요한 자극제가 되어왔기 때문이다. 한데 이러한 만족도 조사가 이미 일정 수준에 오른 많은 기업 입장에서는 이제는 지나치다고 여겨지는 것이다. 고객 만족 활동에 많은 자원을 쏟는 것에 비해 그다지 성과와 연결되는 것 같지도 않고, 자원을 쏟는다고 해서 만족도가 올라가는 것 같지도 않은 것이다. 무엇을 위해, 왜, 어떻게 해야 하는지 명확하지 않은 채 계속해나가야 하므로, 실질적으로는 부서별·지점별

평가 용도로만 활용되는 사례까지 생기고 있다.

그렇다면 무엇이 문제일까? 먼저 만족도 조사의 조사 대상, 조사 내용, 활용 단계별 문제점을 파악함으로써 그에 대한 해결안을 생각해볼 수 있다. 조사 대상 차원에서는 조사 대상의 대표성이 문제다. 이는 기업의 다른 구성원들에게 항상 불만이 되는 이슈로, 대상 선정에 따라 만족도가 달리 나온다는 불만을 대부분 가지고 있다. 이러한 문제점을 극복하기 위해 고객 만족도 조사만으로 점수 분석을 하려고 하기보다는 온라인 채널에서 확보한 정보에 대한 검증 작업이나 기업이 보유한 고객 데이터베이스와 연동한 조사로 수정 설계하면서 기존 성과 자료와 연결시켜 분석하도록 함으로써 기존의 한계를 극복할 수 있다.

다음으로 조사 내용에 대한 부분이다. 사실 이 부분이 많은 기업의 고객 관리 부서에서 화두가 되는 부분이다. 고객 만족도 조사를 해도 어떻게 대응해야 할지 명확히 알기 어렵다는 것이다. 이 문제에 대한 해답은 기업의 고객 만족을 위한 설문지 내용에 있다. 기업에서 진행하는 고객 만족을 위한 기본 조사 내용이 업종이나 업태 특성에 따라 달라야 하는데도 거의 대부분 유사하다는 것이다. 특히 그 기업이 고객 만족을 위해 풀어야 하는 이슈나 현재 진행하는 고객 만족 활동 방향이 다를 텐데, 그런 부분이 반영되지 못하다 보니 업종이나 업태와 관련 없이 유사한, 두루뭉술한 내용으로 만족도를 평가한다. 당연히 이러한 자료를 분석한 결과도 피상적인 내용일 수밖에 없다. 결국 이 또한 고객 만족을 설계할 때 무슨 내용이 어떻게 모아져야 하는지 명확히 하는 것이 중요하다는 결론에 도달한다. 그리고 고객 만족을 평가하는 방법이나 시점도 1년에 한 번 설문지로 진행하는 제한된 방법이 아니라 기업의 특성에 따라 월 단위 내지는 구매 시점, 사용 시점, 문의 시점으로 평가 방법을 변경하는 것이 필요하다.

여기에서 기업이 간과해서는 안 되는 부분은, 고객의 만족감이라는 것이 단편적인 속성에 의해 결정되는 것이 아니라는 점이다. 불만족 요인은 한 가지 속성이 기대치에 미치지 못하면 바로 불만족으로 연결되기 때문에 속성 평가를 통해 찾아낼 수 있다. 하지만 만족감을 평가할 때는 단편적 속성이 아니라 그 행위에 대한 목적의 달성 정도, 감성적인 측면에 영향을 받아 만족 정도가 나온다는 것이다. 그렇기 때문에 고객과 시장에 대한 정보를 얻고자 하는 상황에서는 입체적 자료 수집을 기획해야 한다.

마지막으로 고객 만족도 측정 결과의 활용 단계에서 나타나는 문제다. 이 부분은 앞서 언급했던 것처럼, 만족도 결과 점수를 근거로 우수 지점과 문제 지점이라는 상벌의 수단으로 활용되면서 문제의 근본 원인에 대한 규명과 해결이 아니라 구성원들의 감정적인 문제로 귀결되는 한계를 드러냈다. 기업의 활동은 기업의 변화를 이끌거나 변화 방향을 제공하여 궁극적으로 고객도 만족하고 기업에도 이윤을 제공해야 한다. 하지만 이런 감정적 낭비를 초래하는 평가는 패배 의식을 만들어내고 관련 부서로 이동하기를 기피하게 하는 부작용을 낳는다. 설혹 고객 만족도를 측정함으로써 문제점을 찾더라도 많은 기업이 문제를 근본적으로 해결하기보다는 기존의 자원을 활용하는 수준에서 고객 만족 평가를 맡은 부서나 고객 접점 부서가 할 수 있는 영역 내에서 해결안을 모색한다. 그러다 보니 문제에 대한 근본적 해결이 아니라 임시방편적이거나 단편적인 해결안이 나오는 것이다. 이렇게 되면 고객이 그 문제가 해결되었다고 인식하지 못하고, 기업에 외면당했다는 생각을 하게 되는 것이다.

이렇듯 기존에 수집하고 관리하는 오프라인의 채널을 좀 더 효과적으로 활용하려면 어떻게 해야 할까?

첫째, 영업 상담 일지와 접점 상담 일지를 체계적으로 개선한다. 고객이 표출하는 내용만 수동적으로 파악하려고 하기보다 사전 설계를 통해 원인을 규명할 수 있는 추가 질문을 만들어내고 접한 고객의 정보를 통해 적극적으로 시장과 고객의 변화를 읽을 수 있도록 한다.

둘째, 고객 만족도 조사는 대규모 금액을 투자하지만 시간이 많이 소요되고 조사라는 특수성으로 실제 매출과는 상관성이 떨어진다는 한계점을 지녔다. 이를 극복하기 위해 기업이 보유한 CRM 자료나 매출 자료와 연동하여 분석함으로써 정보를 입체적으로 분석해낼 수 있다.

셋째, 고객 VOC는 불만·문의·제안으로 수집되지만 실제로는 불만을 없애는 데만 대응이 집중되고 있었다면, 성장 관점에서 제안이 활성화될 수 있는 체계를 만드는 것이 필요하다.

07
고객 표출 정보 수집을 위한 핵심 사항

이렇게 다양한 정보를 효과적으로, 또한 효율적으로 수집하려면 다음과 같은 정보 수집을 위한 핵심 사항 몇 가지를 염두에 두어야 한다.

정보를 활용 관점과
기업의 성장 관점에서 재설계하라

정보를 수집하다 보면 뭔가 발견할 수도 있지만, 정보를 효과적으로 활용하려면 수집하기 전에 활용 관점에서 어떤 정보가 필요한지에 대해 사전에 고민하고 정보를 모으는 전략적 과정이 필요하다. 이런 관점에서 기존에 수집된 자료를 '필요한 정보인가?', '어떻게 활용할 수 있을까?', '활용하려면 어떤 자료가 더 필요한가?'라는 의문을 가지고 필요한 정보를 정리한 후, 이 자료를 얻으려면 어떤 채널이 적합한지 재설계한다.

다양한 채널을 성장 관점에서 재설계하라

정보를 모으다 보면, 모으기 쉬운 곳에서 모으는 실수를 범한다. 한데 고객과 시장은 끊임없이 다양한 채널을 통해 자신의 의견을 온라인과 오프라인에서 표출하기 때문에 고객의 변화를 고려하여 변화의 축에서 이탈되지 않도록 지속적으

삼성경제연구소에서 운영하는 웹진

로 성장 관점에서 채널을 설계하는 것이 필요하다.

운영의 효율성 관점에서 설계하라　　정보의 수집은 결국 시간과 비용의 문제다. 따라서 가능하면 시간과 노력을 줄일 수 있도록 설계하는 것이 필요하다. 그러려면 모든 정보 사이트에 들어가서 정보를 찾아오기보다는 각종 정보 제공 사이트에 회원 가입을 하고 메일링 서비스를 신청하여 굳이 찾아 들어가지 않아도 관심 있는 정보를 자동으로 받을 수 있게 조치해놓는다.

에이전시를 활용하라　　내부 자원을 활용하기는 쉽지 않은데 모아야 하는 정보의 양이 많고 다양하다면 에이전시Agency를 활용하는 것도 한 가지 방법이 될 수 있다. 특히 조직의 규모가 큰 경우 효율성을 높일 수 있다. 자사가 얻고자 하는 정보의 키워드 중심으로 자료를 수집하여 주기적으로 전달받는 형태로 계약하여 운영할 수 있다. 물론 정보에 대한 수집만 대행하며, 이에 대한 해석이나 이슈 분석은 내부에서 진행한다.

정보 트리를 만들어 활용하라　　하고자 하는 목적에 따라 필요 정보를 정리하고, 이를 정보원情報源과 각 정보원별 주요 정보 내용을 구분하여 정리해둔다. 그러면 정보를 좀 더 효율적으로 수집할 수 있으며, 기

정보 항목	세부 항목	정보원	주요 내용
자사 시장 정보	자사 정보	전력전지학회	제품 기술 관련 논문 검색, 학술 대회 관련 정보
		대한전기학회	제품 기술 관련 논문 검색, 학술 대회 관련 정보
		대한산업기술지원단	대학과 연계된 기술 산업 관련 정보
		특허청	특허 정보 검색(리튬 2차 전지 정보)
	유통 정보	에코아이	전기 자전거 관련 가격 정보 및 유통 정보
영업 정보	정부 정책의 지원 / 과제 사업	차세대 전지 성장 동력 사업단	리튬 2차 전지 개발 관련 사업, 사업 관련 기준 및 규정 사항
		한국산업기술진흥원	부품 산업 관련 기술 및 지원 사업, 관련 세미나 및 포럼 정보
		한국부품소재 산업진흥원	부품 소재 관련 산업 육성 계획, 지원 산업 입찰 정보 및 자금 지원
		한국산업기술 평가원	중소기업 지원 산업 정보, KEIT 정기 발간물
		한국전지연구조합	리튬전지 기술 개발 사업 정보, 2차 전지 관련 동향
		지식경제부	자전거 부품 산업의 원천 기술 확보 지원 사업
	정부 정책의 지원 / 과제 사업	중소기업청	중소기업에 자금 및 인력, 기술 지원 정보
		녹색성장위원회	녹색성장 주요 정책 방향
	정부 과제 입찰	조달청	나라장터(리튬 2차 전지 검색)

정보 항목	세부 항목	정보원	주요 내용
영업 정보	제품 정보 / 판촉 사항	넥스콘테크놀러지	경쟁사 관련 정보
		야마하전기자전거	
마케팅 정보	프로모션 내용	삼천리자전거	자전거 제조업체 동향 정보
		삼현	
		바이칸	
		한국공업화학회	배터리 관련 주요 정보
		전국자전거연합회	자전거 관련 주요 정보

업에서 의사결정을 해야 하는 문제가 생겼을 경우에도 문제의 원인을
규명할 자료 수집이 원활히 진행될 수 있다.

 고객 니즈는 어떻게 구분할 수 있나?

우리가 한마디로 '고객 니즈'라고 표현하지만 고객 니즈도 다양하게
구분할 수 있다. 이러한 구분은 니즈를 분석하고자 할 때, 혹은 니즈
를 관리하고자 할 때 유용하게 활용될 수 있다. 여기에서는 고객 니즈
에 대한 정보를 수집하고 분석하고 활용한다는 목적을 고려하여 니즈
를 두 개의 축으로 구분하는 방법을 정리해두자.

첫 번째 축은 고객의 표출 여부로, 이에 따라 니즈는 고객이 표출

하는 니즈와 표출하지 못하고 잠재되어 있는 니즈로 구분된다. 고객이 표출하는 니즈는 기업에서 혹은 개인이 이를 파악하고 관리하는가 하는 두 번째 축에 따라 다시 구분될 수 있다. 이렇게 되면 고객이 표출하고 관리하는 니즈에 대해서는 관리 효율성을 높이는 것이 이슈가 된다. 반면 표출하지만 관리하지 못하는 니즈나 잠재된 니즈에 대해서는 수집 방법과 수집 채널을 확대하여 관리 범위를 확대하는 것이 주요 이슈가 된다.

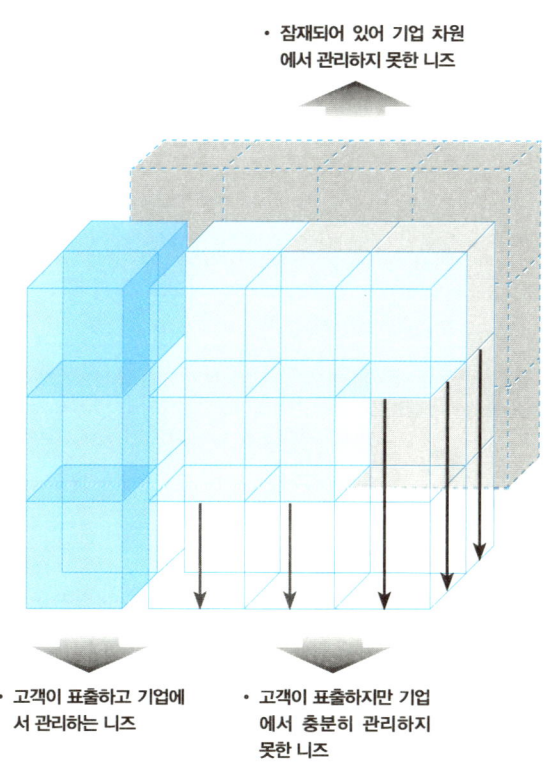

· 잠재되어 있어 기업 차원에서 관리하지 못한 니즈

· 고객이 표출하고 기업에서 관리하는 니즈

· 고객이 표출하지만 기업에서 충분히 관리하지 못한 니즈

가장 이상적인 것은 우리가 고객 니즈를 전부 파악하는 것이다. 하지만 이것은 어디까지나 이상일 뿐 현실적으로 고객의 잠재 니즈까지 모든 것을 파악하기란 불가능하다. 하지만 고객 니즈의 구분을 이해하고 각각의 접근 방법을 고민하다 보면 고객에 대한 이해를 좀 더 확장해갈 수 있다.

마켓센싱을 위해 수집해야 하는 정보를 고객이 표출하는 정보와 표출하지 못하고 잠재되어 있는 정보로 구분하고, 먼저 고객이 표출하는 정보 수집의 주요 채널 및 정보 수집의 핵심 사항을 알아보았다.

고객이 표출하는 정보 수집 채널

고객이 표출하는 정보 수집 채널은 채널 유형이 온라인인지 오프라인인지, 기업에서 현재 수집하여 관리하는지 관리하지 않는지의 두 축으로 구분했다. 기업이 관리하는 채널의 경우에는 전반적으로 관리의 효율성을 높이는 것이 중요하며, 이를 위해서는 이 채널을 통해 어떠한 정보를 얻고자 하는지, 그 정보를 어떻게 활용할 것인지를 명확히 하는 것이 필요하다. 기업 환경의 변화에 따라 기업이 관리하지 않거나, 혹은 미처 관리하지 못한 온라인 채널의 중요성도 높아지고 있다.

고객이 표출하는 정보 수집의 핵심 사항

1. 정보를 활용 관점과 기업의 성장 관점에서 재설계하라.
2. 다양한 채널을 성장 관점에서 재설계하라.
3. 운영의 효율성 관점에서 설계하라.
4. 에이전시를 활용하라.
5. 정보 트리를 만들어 활용하라.

MARKET
SENSING

제 5 장

고객의 잠재된
정보 수집하기

4장에서는 고객이 표현하여 이미 노출되어 있는 정보를 온라인과 오프라인에서 어떻게 효과적으로 수집하면서 기업의 자원을 불필요하게 낭비하지 않고 효율적으로 수집하느냐에 대해 논의해보았다. 5장에서는 고객이 표출하지 못하거나 지금은 의식적으로 알지 못하고 내면에 가지고 있는 잠재된 정보를 수집하는 방법에 대해 이야기해보자. 잠재 정보를 얻으려면 기존과는 좀 다른 관점에서 정보를 수집하는 것이 필요하다.

01
왜 고객의 니즈가
잠재되어 있을까

고객의 잠재 정보라는 것은 표현되지 못하고 내재되어 있는 정보를 말한다. 잠재 정보를 수집하려면 일단 잠재되어 있는 원인을 파악하는 것이 중요하다. 잠재되어 있는 원인은 몇 가지로 나누어진다.

첫 번째는 문제점을 전혀 인식하지 못해서다. 즉, 무엇이 문제인지, 무엇을 원하는지, 어떻게 바뀌어야 하는지에 대해 고객 자신도 모르는 상태다. 이런 경우에는 가설에 기초한 대안을 제시하여 고객이 자신도 명확히 인식하지 못하고 잠재되어 있던 니즈를 자극받아 인식할 수 있도록 한다. 여기에서 가설에 기초한 대안을 제시하려면 고객에게서 직접적으로 얻은 정보가 아닌 트렌드 정보 등의 2차 자료를 활용할 수 있다. 또 한 가지 방법으로는 문제의식을 가진 전문가가 고객의 상황을 관찰하면서 고객이 인식하지 못하는 문제점을 찾아내는 방법이 있다. 예를 들어, 〈우리 아이가 달라졌어요〉라는 텔레비전 프로그램에서 항상 아이를 접하는 부모는 "우리 아이가 뭐가 문제인지 도무지 알 수 없어요. 제가 별짓을 다해봤지만 변하질 않아요"라고 이야기한다. 하지만 전문가들은 아이의 문제점, 부모 양육의 문제점 등을 족집게처럼 찾아낸다. 그러면 부모는 "아, 맞아요. 그런 것 같아요. 그게 문제였어요"라는 반응을 보인다. 이와 마찬가지로 항상 접하는 상품과 서비스에 대해 고객은 대부분 크게 문제의식을 갖고 말로 표현하지 못하고 '뭔가 불편하지만 어쩔 수 없지'라고 생각하는 것이다.

두 번째는 표현하지 못해서다. 즉, 표현할 기회가 없거나, 표현을 할 대상을 찾지 못했거나, 표현할 방법을 명확히 몰라서인 경우가 있다. 이 경우에는 고객이 소통하기 편리한 채널을 제공함으로써 고객과 기업 간 소통의 벽을 낮추는 방안을 고려해볼 수 있다. 최근 스마트폰과 트위터 등 소셜 네트워크 서비스를 기반으로 한 새로운 채널의 보급은 이러한 소통의 벽을 낮추는 기회를 제공하고 있다.

세 번째는 이 모든 것을 알고는 있지만 표현하고 싶지 않아서인 경우가 있다. 고객이 '굳이 내가 말할 필요가 있을까?', '말한다고 뭐가 달라질까?'라고 생각하는 경우로, 기업에 대한 신뢰감이 높지 않은 상태이거나 개인적 성향이 외향적이지 않은 경우일 수 있다. 사실 이런 경우 한 가지 대안을 제시하기는 쉽지 않다. 이런 경우는 고객에게 묻는다고 해서 답이 나오지 않는다. 답을 묻기보다는 고객 스스로 이야기하는 문제점, 해결안, 이에 따른 해결 아이디어 등 다른 고객들의 의견을 정리하여 공개함으로써 이런 말을 하는 것에 부담을 갖지 않도록 하여 문제를 해결할 수 있다. 다수의 참여 경향과 그들이 서로 협력하고 경쟁하는 과정을 공개함으로써 집단 수준으로 양질의 정보를 수집할 수 있고, 이런 경향을 공개함으로써 침묵하는 고객 대다수가 참여하도록 이끌어낼 수 있다.

잠재 정보를 얻으려면, 첫째로 기존 채널이 아니라 기존에 자사 고객, 경쟁 관점에서 정보를 얻었던 채널과 다른 채널로 채널 구성을 확대하는 것을 먼저 권한다. 새 술은 새 부대에 담으라는 말처럼, 미래의 새로운 정보를 얻으려면 채널을 확대하는 것이 우선 필요하다. 둘째로는 정보를 얻는 방법을 좀 더 다양화해볼 수 있다. 단순히 고객이 말한 것, 구입한 자료, 설문한 수치 외에 색다른 방법을 고려할 수 있다.

이제 이런 정보원과 정보를 수집하는 방법에 대해 구체적으로 이야기해보자.

02
먼저 1차 자료와
2차 자료로 구분하자

먼저 새로운 자료를 확보하기 위해 일반적인 자료 수집 방법에 대해 알아볼 필요가 있다. 자료는 수집 방법에 따라 1차 자료와 2차 자료로 나누어볼 수 있다. 먼저 2차 자료Secondary Data는 다른 목적을 위해 이미 누군가 수집하여 분석한 자료로서, 나의 목적에 따라 일부 가져다 활용하는 자료를 의미한다. 책상에 앉아서도 책이나 인터넷 등을 통해 자료 검색이 가능하기 때문에 데스크 리서치 데이터Desk Research Data라고도 한다. 2차 자료의 가장 큰 장점은 자료를 빨리 구할 수 있고 저렴하게, 때에 따라서는 무료로 구할 수 있다는 점이다. 하지만 자료원을 명확히 알아야 하고, 안다고 하더라도 내가 찾고자 하는 목적에 정확하게 부합되기는 어려운 한계를 가진다.

2차 자료에 대응하는 개념으로 1차 자료를 생각해볼 수 있다. 1차 자료Primary Data는 2차 자료와 달리 내가 가진 특수한 목적을 달성하고자 직접 수집하는 정보를 말한다. 일명 필드 리서치 데이터Field Research Data라고도 부른다. 2차 자료가 책상에서 가능한 조사 자료라면, 1차 자료는 접점 등 현장에서 파악해야 하는 조사 자료다. 물론 1차 자료의 장점은 2차 자료의 단점과 한계를 극복할 수 있다는 것이다. 즉, 나의 목적에 부합하는 정확한 자료를 얻을 수 있는 장점이 있다. 반면 2차 자료의 장점인 '빠르고 저렴하게'와 대응되게 많은 시간과 비용이 든다는 단점이 있다.

따라서 자료를 얻을 때는 무턱대고 1차 자료로 얻으려고 하기보다는 2차 자료를 충분히 수집하고 검토한 후 2차 자료로는 파악되지 않는 내용에 대해서만 1차 자료로 정보를 획득하는 것이 좋다. 또한 잠재 정보를 수집하는 관점에서 1차 자료에 대해서는 단순히 고객이 표현하지 못해 잠재되어 있는 정보를 기업이 일방향적으로 알아내는 방법이 아니라 실시간으로 고객과 상호작용을 하는 쌍방향 채널로서 의미를 발전시켜 볼 수 있다.

이러한 1차 자료와 2차 자료를 적절하게 활용하여 자료를 수집하는 방법에 대해 계속해서 이야기해보겠다.

〈표 5-1〉 1차 자료와 2차 자료

1차 자료(Primary Data)	2차 자료(Secondary Data)
현재의 특수한 목적만을 위해서 수집되는 정보를 말한다(Field Research Data).	다른 목적을 위해서 이미 어디엔가 수집되어 있는 정보를 말한다(Desk Research Data).

2차 자료를 잠재된 니즈에 활용하는 방법

내 업무의 목적에 맞게 내가 직접 수집한 자료가 아닌 다른 사람이 그 사람의 목적을 위해 수집해 놓은 2차 자료로 "정말 잠재 니즈를 파악할 수 있을까"라는 의문을 가질 수도 있다. 결론부터 이야기하면 2차 자료만으로 고객의 잠재 니즈를 파악하고 신사업 혹은 신상품 개발을 추진하기는 어렵다. 하지만 1차 자료와 함께 활용할 때, 2차 자료는 매우 유용하면서도 효율적인 잠재 니즈 정보수집 방법이 될 수 있다.

2차 자료는 먼저, 1차 자료 수집을 기획하고 진행하여 잠재 니즈를 파악하기 전에 가설을 수립하는 데 유용하게 활용할 수 있다. 1차 자료 수집은 시간과 비용이 들고 자료 수집 이후 "아차, 이 내용을 더 파악했어야 하는데"라고 후회하는 경우가 있다. 따라서 기획 단계에서 어떠한 정보를 수집할 것인가, 즉 어떠한 가설을 검증해야 하는가를 명확히 하는 것이 매우 중요하다. 이런 가설을 만드는 데 2차 자료를 활용하면 효과적이다. 즉, 1차 자료 수집 방향을 설정할 수 있기 때문에 잠재 니즈 정보를 시간과 비용의 낭비 없이 효율적으로 얻을 수 있게 한다.

또한 2차 자료는 1차 자료를 통해 수집한 결과의 해석에도 도움이 된다. 1차 자료를 통해 우리는 고객의 태도, 행동 등에 관한 정보를 얻고 이를 기반으로 고객의 잠재 니즈를 분석하게 된다. 이때 단편적으로 나타나는 태도, 행동뿐만 아니라 이러한 태도와 행동이 나타나게 된 상황context을 이해한다면 고객의 잠재 니즈를 보다 심도 있게 이해할 수 있게 된다. 트렌드나 라이프스타일은 고객의 태도, 행동에 영향을 미치는 요인이므로 이에 대한 정보를 2차 자료를 통해 파악해 두면 1차 자료로 파악한 고객의 특정한 태도나 행동이 왜 그렇게 나타나게 되었는지를 해석해 잠재 니즈를 분석해 내는 데 효과적이다.

2차 자료는 잠재 니즈 파악 후 일반적으로 조직 설득이 어려운 1차 자료의 한계를 보완하는 데도 활용할 수 있다. 조직 내에서 잠재 니즈를 기반으로 신사업, 신상품 개발을 추진하고자 할 때에는 잠재 니즈에 대한 분석결과를 공유하고 이에 대해 조직 내 다른 구성원들의 합의를 도출하는 것이 필수적인데, 새롭기 때문에 타부서나 경영진으로서도 리스크를 느끼는 것도 당연하다. 이때 1차 자료와 2차 자료를 함께 활용하면 정보의 설득력을 끌어올릴 수 있을 것이다.

03
잠재된 정보를 파악하는 채널 매트릭스

〈그림 5-1〉에서는 잠재 정보를 파악하는 채널을 정보 수집 방법인 1차 자료와 2차 자료를 세로축으로 하고 채널 유형인 온라인과 오프라인을 가로축으로 하여 사분면에 구분해보았다. 즉, 기존에 있던 2차 자료를 온라인에서 얻을 수 있는 방법은 1사분면에, 새롭게 1차 자료로 생성해야 하는 온라인 자료 채널은 2사분면에, 2차 자료이면서 오프라인 채널 유형을 3사분면에, 새롭게 생성하는 1차 자료이면서 오프라인 채널 유형은 4사분면에 구분했다.

1사분면에 속하는 정보를 획득할 수 있는 채널로는 국내외 트렌드 정보를 수집하거나 국내외 연구소 보고서 등을 통해 자사와 무관하게 다른 목적으로 만들어져 있는 자료이지만 이를 온라인에서 획득하여 자사 관점으로 활용하는 방법이 있다. 2사분면에 속하는 채널로는 온라인상

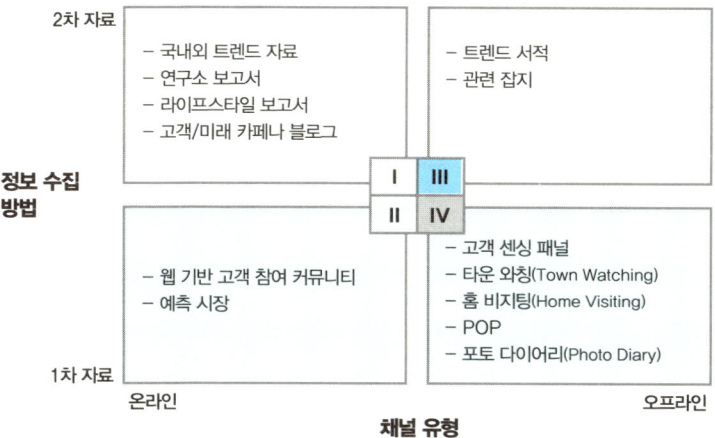

2차 자료

- 국내외 트렌드 자료
- 연구소 보고서
- 라이프스타일 보고서
- 고객/미래 카페나 블로그

- 트렌드 서적
- 관련 잡지

정보 수집
방법

| I | III |
| II | IV |

- 웹 기반 고객 참여 커뮤니티
- 예측 시장

- 고객 센싱 패널
- 타운 와칭(Town Watching)
- 홈 비지팅(Home Visiting)
- POP
- 포토 다이어리(Photo Diary)

1차 자료

온라인   오프라인

채널 유형

〈그림 5-1〉 잠재 정보 획득 채널

에서 고객과 시장의 변화를 이해하기 위한 예측 시장과 웹 기반 고객 참여 커뮤니티가 있다. 3사분면에 속하는 채널로는 트렌드 서적과 관련 잡지 등이 있다. 마지막 4사분면에 속하는 채널로는 고객 센싱 패널과 타운 와칭Town Watching, 홈 비지팅Home Visiting, POP, 포토 다이어리Photo Diary 등의 방법이 있다.

이외에 기존의 마케팅 조사 방법을 활용할 수도 있다. 기존의 조사 방법 중 특히 정성적인qualitative 조사 방법인 FGIFocus Group Interview●와 크리에이터 그룹Creator Group●●은 어떻게 운영하느냐에 따라 잠재 니즈 분석에도 효과적이기 때문이다.

이 조사 방법을 잠재 니즈 파악에 활용할 때는 다음의 사항을 고려하는 것이 필요하다. 첫 번째는 참가자 선정 단계에서의 고려사항이다. 일반적으로 잠재 니즈는 고객이 말이나 글로 표현하기 쉽지 않기 때문에 참가자는 표현력이 좋거나 표현하고자 하는 의지가 강한 사람을 선정해야 한다. 이런 관점에서 크리에이터 그룹은 표현력을 고려하여 이과 계열보다는 문과 계열의 대학생을 선발한다. FGI 대상자 선발에서도 대상 제품에 대해 관심이 많고 이를 자신의 생활에 비교적 중요하게 생각하는 고객을 선발하여야 잠재 니즈를 끌어내기 쉽다.

두 번째는 조사 진행 단계에서의 운영 방식이다. 고객에게 잠재 니즈를 파악하기 위해 "어떤 상품을 원하시나요?" 혹은 "이러이러한 서비스에 대해 어떻게 생각하시나요?"라고 질문을 갑자기 던져서는 잠재 니즈는커녕 일반적인 내용도 구체적으로 얻기 어렵다. 고객이 자신의 태도를 구체적으로 표현하도록 하고 잠재되어 있던 니즈까지 끌어내기 위해서는 대상 제품과 관련된 상황, 고객의 라이프스타일 등 고객이 편안하게 느끼는 주제부터 시작하여 구체적인 니즈로 좁혀가며 자연스럽게 대화를 이끌어 가면서 내재되어 있는 요구사항을 끌어내는 것이 중요하다.

마지막 세 번째는 비언어적 표현에 대한 이해이다. "A제품에 대해 어떻게 생각하시나요?"라는 질문에 대해 두 명의 고객이 똑같이 "글쎄요"

• **FGI(Focus Group Interview)** : FGI는 고객좌담회라고도 하며 보통 6~8명 정도의 고객을 한 자리에 모이게 한 후 숙련된 전문 진행자의 주도하에 조사 목적에 따라 사전에 준비된 가이드라인에 따라 자연스럽게 이야기를 나누는 형식으로 진행된다. 고객과 조사원이 일대일로 진행하는 심층인터뷰 방식과 비교할 때 고객들 간의 상호작용까지 파악할 수 있다는 장점이 있다.

•• **크리에이터 그룹(Creator Group)** : 크리에이터 그룹은 일반적으로 대학생들을 활용하여 상품 개발을 위한 다양한 아이디어를 수집하는 것을 주목적으로 하는 조사 방법이다.

라고 답했다고 가정해 보자. 이때 한 사람은 골똘히 생각하는 표정을 지으면서 "글쎄요"라고 했고 또 한 사람은 다소 머뭇거리거나 진행자의 시선을 피하면서 "글쎄요"라고 했다면 어떨까? 언어로 표현한 대답은 같지만 표정과 행동으로 보여준 대답은 정반대의 결과일 수 있을 것이다. 따라서 단순히 고객이 말로 표현하는 것뿐만 아니라 표정이나 행동으로 나타나는 변화를 잘 살피면서 조사를 진행하면 잠재 니즈를 이끌어 내는 데 효과적이다.

04
온라인
2차 자료

국내외 트렌드 자료　　　많은 기업이 기존 사업의 정체성 문제로 새로운 비즈니스 기회를 찾는 데 관심이 높다. 따라서 이러한 새로운 비즈니스 기회를 찾을 수 있는 미래의 변화, 예측을 가능하게 하는 트렌드 변화를 눈여겨본다. 트렌드라는 것은 단시간에 걸쳐 나타났다가 없어지는 일시적 유행과는 구별되는 개념으로, 장기간에 걸쳐 나타나며, 가치관의 변화를 가져와 전 사회를 관통하면서 구매 행동과 이용 패턴을 바꿔놓으며, 막대한 영향을 미친다. 따라서 트렌드를 명확히 읽고 이에 대응하는 것은 기업의 미래 성장 동력을 찾는 데 핵심적인 일이다. 우리가 마켓센싱을 하는 데에서도 시장을 이끌어갈 많은 정보를 이 트렌드에서 얻을 수 있다.

　하지만 트렌드를 파악하는 것은 사실 쉽지 않다. 어떤 기업이나 개인

사업자들은 트렌드에 부합하여 돈 되는 사업 아이디어를 구체화하고 비즈니스를 잘 꾸려간다. 그런데 막상 트렌드에서 비즈니스 기회를 찾아내려고 하면 어디에서부터 어떻게 해야 할지 막막하다. 누군가 만들어 낸 아이디어를 보면 그럴듯한데, 막상 내 사업에 도입하려고 하면 맞지 않는 옷을 입은 것처럼 어딘지 삐거덕거릴 뿐 아니라 어찌어찌 끼워서 맞춘다고 해도 고객과 시장은 또 다른 트렌드에 집중하여 내 상품은 그저 시장에 흔한 미투Me Too 상품이 되고 마는 것이다. 따라서 '어떻게 하면 이런 트렌드 관련 정보를 남보다 빠르게 얻을 수 있을까?', '거기에서 의미 있는 내용을 뽑아낼 수 있을까?' 하는 것이 기업의 관심사가 된다.

최근 트렌드에 대한 관심이 높아지다 보니 모 회사에서는 경력 사원 선발 면접에서 '트렌드를 분석해서 리포트를 쓸 수 있는가?'가 최종 선발 기준이었다고 할 정도다. 발 빠르게 고객과 시장에 대응하고자 하는 기업에서는 트렌드 분석을 위한 자료 수집과 분석에 많은 공을 들이고 있으나, 여전히 어찌 진행해야 할지에 대해서는 시행착오를 거듭하는 중인 것이다.

분명 돈이 될 듯하고, 분석할 수 있다면 기존의 어떤 자료와도 비교되지 않을 만큼 기업에 많은 도움이 될 듯한 이 트렌드 자료는 어디에서 어떻게 구하는 것일까? 트렌드와 관련하여 정보를 구할 수 있는 대표적인 사이트 몇 가지를 소개하겠다.

인터패션플래닝 홈페이지

● 인터패션플래닝(www.ifp.co.kr)

패션 트렌드 연구 및 컨설팅 기관인 인터패션플래닝에서 운영하는 사이트다. 이 사이트는 주로 패션과 관련된 뉴스와 트렌드를 소개하기 때문에 이 업종에 있는 사람들이 1차적으로 활용할 수 있다. 패션업이 아니더라도 디자인이나 새로운 인테리어 방향이 어떻게 갈 것인지 확인하는 데 활용하면 좋다.

● 트렌드와칭(www.trendwatching.com)

네델란드에서 시작된 이 사이트는 전 세계 120여 개국, 수백 명의 스포터Spotters 네트워크를 기반으로 무료로 각종 산업 및 소비 트렌드를 소

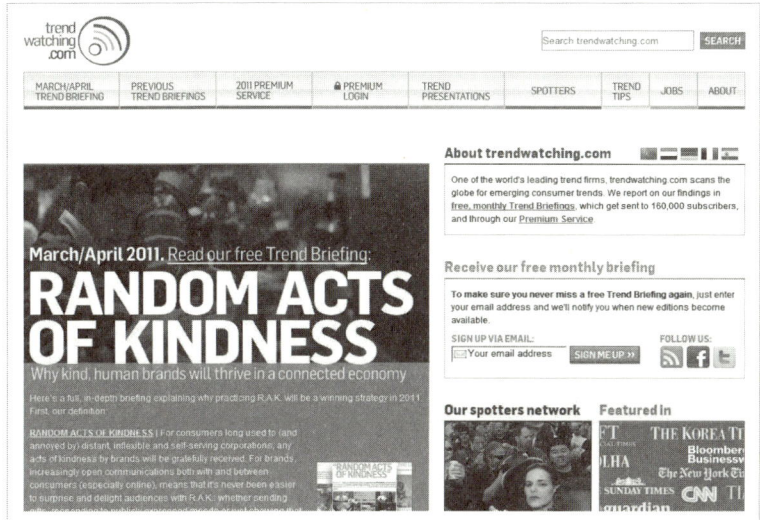

개하고 있다. 각종 트렌드를 사례를 들어 소개할 뿐만 아니라 이러한 트렌드를 바탕으로 시작할 수 있는 사업 아이디어도 제시한다.

특히 기업의 신상품이나 신사업을 해외시장에 내놓기 위해 해외시장의 트렌드를 파악하고자 할 때 참고하면 도움을 받을 수 있을 것이다. 무료 회원으로 가입하면 월간으로 발행되는 트렌드 리포트를 메일로 받아볼 수도 있다.

● 트렌드헌터(www.trendhunter.com)

개인 트렌드 전문가들이 각자 트렌드와 관련된 정보를 올리는 블로그형 사이트로 시작되었다. 현재는 전 세계에 회원 3만 9000여 명을 보유

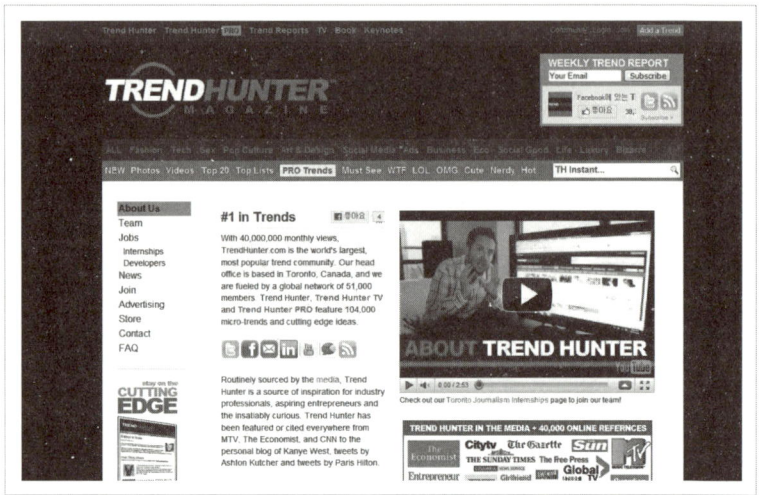

트렌드헌터 홈페이지

한 세계 최대 규모의 트렌드 정보 커뮤니티로 성장했다. 메일 주소를 등록하면 주간으로 발행되는 트렌드 리포트를 메일로 받아볼 수 있다.

● 니케이 트렌디 넷(trendy.nikkeibp.co.jp)

이 사이트는 일본경제신문사 산하 기업으로, 경영·기술·생활 관련 다양한 정보를 제공하는 출판사인 일본 니케이日經 BP 사에서 운영하는 트렌드 정보 제공 사이트다. 매월 생활/가전, 자동차, 환경 등 테마별 정보를 온라인 사이트에 제공하고 있다.

연구소 보고서　　유·무료로 보고서를 제공하는 연구소를 활용하는

니케이 트렌디 넷 홈페이지

것도 정보를 수집하는 데 많은 도움이 된다. 연구소들은 각각의 특색을 가지고 금융·철강·자동차 등 산업에 특화된 정책·트렌드·이슈 등을 정리하여 자료를 제공하기 때문에, 기업에서 시장과 고객 변화에 대해 일반적으로 정리하여 자사의 특성과 비교하며 이슈를 분석하기에 매우 유용하다. 따라서 이러한 정보를 어디에서 어떻게 구할 수 있는지 확인하고, 필요한 정보를 제공하는 연구소에 회원으로 가입하고 메일링 서비스를 신청하면 필요한 정보를 좀 더 효율적으로 수집할 수 있다.

특히 연구소에서는 자체 발간하는 리포트 외에도 관련 이슈에 대해 전문가 집단을 두고 이슈에 대해 토론이 가능하며 관련 산업의 문제에 대해 참여자들끼리 의사소통도 가능하기 때문에, 이미 생성되어 있는 2차 자료 외에도 전문가 의견을 수집할 수 있어 1차 자료도 획득할 수 있다.

<표 5-2> 주요 연구소별 시장/고객 관련 제공 정보

연구소명	주요 제공 정보
삼성경제연구소	연구보고서, CEO 인포메이션, SERI 경제포커스, Korea Economic Trends, 소비자 태도 조사, SERI China 리포트, SERI 연구 에세이
한국자동차산업연구소	자동차 경제(월간), 주간 브리프, CEO Report, 자동차산업(연간), 경영 브리프, BRICs 브리프
LG경제연구원	LG 비즈니스 인사이트(주간), Japan Insight(격월간), 국내외 경제 전망, 국내외 금융시장 전망, 기타 보고서 및 단행본
포스코경영연구소	친디아저널(월간), CEO Report, China Steel Monthly, POSRI 경영연구(반기)
롯데경제연구소	LERI Report, 월간 경제동향, EM Brief, Special Report
KT경제경영연구소	CEO info, CEO Issue, MI 리포트
현대경제연구원	경제주평(주간), Chairperson Note(주간), 통일경제, VIP 리포트, 지식경제, 금융 빅뱅 인사이트, 신성장동력 리포트

05
온라인
1차 자료

누군가 작성한 2차 자료를 통해 잠재되어 있는 고객과 시장의 정보를 파악하는 채널과 채널별 자료의 성격에 대해 이야기했다. 이제 기획자인 나의 목적에 따라 새롭게 자료를 생성하는 1차 자료에 대해 이야기해보자.

먼저, 1차 자료를 온라인 채널로 습득하는 방법에서는 대표적으로 웹 기반 고객 참여 커뮤니티와 예측 시장에 대해 소개해보겠다. 웹 기반 고객 참여 커뮤니티란, 온라인으로 고객들이 상품 개발, 마케팅, 광고/홍보 등의 아이디어에서부터 실제 운영 방안까지 함께 상호작용을 하는 커뮤니티를 말한다. 앞에서도 이야기한 것처럼, 고객은 다양한 매체를 활용하여 고객 간의 상호작용을 통해 기업이 상상하는 이상으로 변화하고 있다. 이러한 변화를 기존의 조사 자료로 얻는 데는 시간적으로나 내용 파악 면에서 한계가 있다고 설명했다. 이런 기업의 가설 범위 외의, 통제 영역 밖에 있는 고객의 특성을 파악하려면 실시간으로 고객의 변화를 파악하고 고객과 상호작용을 함으로써 변화에 따른 기업의 대응을 구체화할 방안을 생각해봐야 한다. 이러한 실시간 쌍방향 채널로 웹 기반 고객 참여 커뮤니티를 고려해볼 수 있다.

그러면 이러한 웹 기반 커뮤니티를 상품 개발에 효과적으로 활용하여 성공을 거둔 무지Muji, 無印良品의 사례를 통해 웹 기반 커뮤니티에 대해 좀 더 자세히 알아보자.

무지의 '생활에 좋은 상품 연구소'
홈페이지 및 홈페이지를 기반으로 한 프로젝트 진행 내용

무지는 1980년, 40여 종의 식품 및 가정용품을 판매하는 것으로 시작하여 현재는 7000여 종에 이르는 상품을 제공하는 제조 및 유통 기업이다. 이 기업은 생활에서 기본이 되는 것들을 채운다는 기업 이념으로 상품을 개발하고 있다. 이를 위해 '생활에 좋은 상품 연구소'라는 사이트를 운영하며, 고객과의 협업collaboration을 기본으로 상품을 개발하고 있다. 단순히 고객을 인터뷰하거나 설문 조사를 해서 생활의 불편 사항이나 아이디어를 모으는 작업을 진행하는 것이 아니라 상품 개발 아이디어에서부터 상품 구체화 단계, 출시 단계별로 세세한 부분까지 상품

세븐 프리미엄의 '프리미엄 라이프 향상 위원회'

개발의 전 과정을 고객과 함께한다. 또한 이 연구소 사이트는 인터넷으로만 고객과 상호작용을 하는 것이 아니라, 트위터, 페이스북 등으로도 고객과 실시간 소통을 하면서 고객을 끌어들인다.

또 다른 사례로 일본 세븐일레븐 계열의 PB^Private Brand 세븐 프리미엄 Seven Premium에서 운영하는 고객 참가형 상품 개발 커뮤니티도 있다. 이 커뮤니티는 '프리미엄 라이프 향상 위원회'라는 사이트를 운영하는데, 이 사이트는 회원 등록을 한 고객의 의견을 수렴하여 상품 개발을 진행하는 것을 목적으로 한다. 즉, 상품 개발 전 과정을 회원과 공유하여 좀 더 고객 니즈에 맞는 상품을 개발하는 것을 목적으로 한다. 홈페이지의 주요 콘텐츠를 보면 구체적으로 이 회사가 지향하는 바를 명확히 알 수 있다.

- 공지 사항 : 사무국에서 제공하는 신상품 소식을 제공한다.
- 상품 리뷰 : 세븐 프리미엄의 각 상품에 대한 회원의 의견을 수렴한다.
- 하나바타 회의 : 고객들 상호 간에 라이프스타일에 대해 의견을 주고받는다.
- 프로젝트 : 세븐 프리미엄의 상품을 회원과 함께 개발해가는 곳이다. 상품 개발에 대한 아이디어와 이 아이디어를 구체화한 내용에 대한 고객들의 의견 수렴 등 상품 개발 단계별로, 고객의 의견을 수렴하면서 개발을 구체화한다.
- 설문 조사

두 사이트를 통해 웹 기반 고객 참여 커뮤니티 운영에 대해 알아보았다. 두 사이트 모두 고객에게 특정 시점에서 스쳐가는 아이디어를 얻거나 일시적으로 고객 의견을 받아 내부적으로 구체화하는 것이 아니라, 지속적으로 고객과 의견을 주고받으며 상품 개발을 추진하고, 이를 고객 관점으로 풀어간다. 또한 실시간 인터넷, 트위터, 페이스북 등 다양한 매체를 통해 고객의 의견을 적극적으로 수렴하여 변화에 대응한다. 이렇듯, 웹 기반 고객 참여 커뮤니티는 기업이 전문가 관점에서 우수한 품질의 상품을 뚝딱 제공해준다거나 '너희의 불만을 내가 해결해주마' 하는 방식이 아니다. 고객과 끊임없이 소통하면서 고객이 만들어가도록 단계별 전문가 관점으로 구체화하고, 고객의 의견을 수렴하고, 의견이 발생하는 주거적 특성과 고객의 배경 등을 분석함으로써, 고객을 입체적으로 이해하고 빠른 변화에 대응할 수 있도록 체계화하는 채널로 활용 가능하다.

다음으로 소개할 고객 정보 수집 채널은 예측 시장이다. 미래에 벌어질 상황에 대해 많은 전문가의 연구와 예측이 있다. 또한 트렌드에 대한 자료들도 있다. 하지만 미래에 벌어질 트렌드나 현재 진행되는 트렌드라고 해도 자사의 상황에 대입하여 어떤 대응을 해야 하는지, 그 일이 성공할 수 있는지, 성공하려면 어떻게 해야 하는지 의사결정을 내리기란 쉬운 일이 아니다. 이러한 문제를 해결하고자 최근에는 외부 전문가뿐만 아니라 사내에 있는 전문가의 집단 지성을 활용하여 예측에 대한 검증을 진행하는 방법으로서 예측 시장을 조직에 도입하는 경우가 생겨나고 있다.

예측 시장은 '미래를 예측하려고 사람들이 베팅 하는 가상거래소'라고 볼 수 있다. 예측 시장을 조직 내의 의사결정 과정에 도입할 경우 다양한 안건에 대해 조직 내 담당자 몇 명의 의견이 아닌 다양한 분야 전문가 다수의 의견이 반영되어 큰 성과를 내고 있다. 즉, 의사결정의 속도를 단축하거나, 다양한 아이디어를 수집하는 효과를 가져오는 것이다. 이를 효과적으로 활용하는 구글의 사례를 통해 예측시장이 어떻게 운영되는지 살펴보자. 구글은 2005년부터 기업 내부적으로 예측 시장을 운영하여 2005년 2분기에서 2007년 3분기까지 분기마다 약 25~30개, 총 270개의 예측 시장을 열었다. 즉, 270개의 안건에 대해 조직 구성원들이 다양한 의견을 개진할 수 있도록 한 것이다. 이들 안건을 구체적으로

〈표 5-3〉 구글의 사내 예측 시장

예측 종류	사례
수요예측 (Forecasting)	해당 분기 말, 지메일(Gmail) 사용자 수
산업 동향 (Industry News)	애플의 인텔 기반 맥(Mac) 출시 여부
제품 성능 (Performance)	구글 토크(Google Talk)의 성능 및 품질
사내 소식 (Company News)	러시아에 사무실 개설
의사결정 (Decision Markets)	A를 사용하는 사람이 B를 더 많이 사용할까?
개인의 흥미 (Fun)	영화 비평 사이트 '로튼 토마토(Rotten Tomatoes)'에서 〈스타워즈 에피소드 3〉의 평가는?

* 자료 : Using Prediction Markets to Track Information Flows : Evidence from Google.

살펴보면, 수요예측 관련 안건이 전체의 20퍼센트, 산업 동향 19퍼센트, 제품 성능 이슈 15퍼센트, 사내 소식 10퍼센트, 의사결정 2퍼센트, 이 밖에 히트가 예상되는 영화 순위 등 흥미 위주의 시장 33퍼센트로 나타났다.

그런데 새로운 아이디어와 혁신의 출처를 분석해본 결과, 놀랍게도 새로운 아이디어는 전문가들의 모임보다는 다양한 관심사를 가진 일반인에게서 더 좋은 성과가 있는 것을 발견했다. 즉, 새로움과 미래의 사업에 대한 아이디어를 기존에는 전문가의 영역으로 간주하여 전문가 몇몇의 의견을 찾아 구체화했으나, 집단 간의 협업과 경쟁을 통해 발현되는 아이디어나 사업에 대한 검증이 효과가 높다는 것을 알 수 있다.

이러한 집단 지성의 힘은, 사내 직원을 대상으로 새로운 사업에 대한

* 자료 : Using Prediction Markets to Track Information Flows : Evidence from Google.

〈그림 5-2〉 구글의 사내 예측 시장

아이디어, 미래에 대한 예측, 아이디어 선별을 통한 구체화 등 사업에 대한 다양한 검증 채널로 활용할 수 있으며, 그 성과가 기대 이상으로 나오는 사례를 발견할 수 있다.

앞서 지적한 바와 같이 마켓센싱을 통해 미래 관점에서 감지되고 대응되는 비즈니스 기회는 비교적 리스크가 높다. 따라서 당연히 조직 내에서 의사결정을 거쳐 사업을 추진하는 과정이 쉽지 않을 수 있다. 경영진으로서도 새로운 비즈니스 기회에 대한 확신을 갖기 어렵기 때문이다. 이러한 상황에서 조직의 내부 전문가 혹은 집단 지성을 활용하는 것은 정량적 근거 자료를 마련하여 의사결정이 신속하게 이루어질 수 있도록 한다는 측면에서도 의미가 있다.

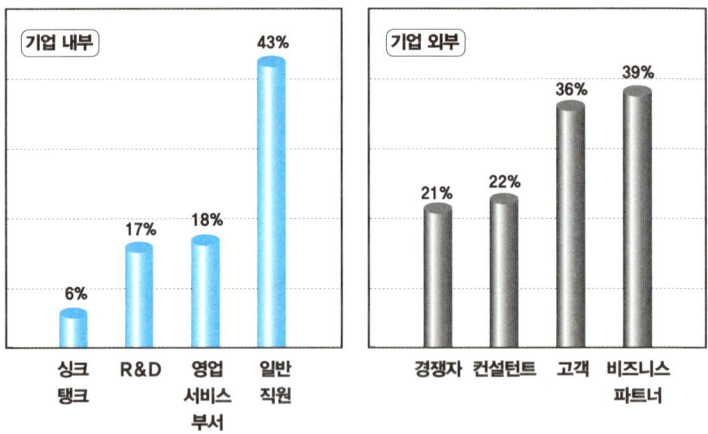

* 자료 : IBM, Global CEO Study, 2006년

〈그림 5-3〉 새로운 아이디어와 혁신 자원의 출처

06
오프라인 1차 자료

온라인으로 구하는 1차 자료 획득 채널은 고객 간의 상호작용, 사내외 전문가들의 협업과 경쟁의 특성을 활용하여 어렴풋하게 보이지만 뚜렷하게 보이지 않던 잠재 니즈를 구체화할 수 있다. 따라서 즉각적이고 쌍방 협업이 가능하다는 특성이 있었다. 하지만 고객이 전혀 감지하지 못하여 말로도 글로도 표현하지 못하는 잠재적 니즈에 관련된 정보는 어떻게 얻어낼 수 있을까?

다양한 관찰법을 통해 고객이 표현하지 못하는 고객과 시장 정보를 얻는 방법에 대해 살펴보자. 관찰법은 고객에게 묻지 않고 고객의 행동을 직접 관찰하여 고객의 내면을 알아내는 방법이다. 고객들은 자신이 알지 못하는 것에 대해서는 말하지도 표현하지도 못한다. 또한 표현한다고 해도 그 내용이 완벽하지 못하기 때문에 오히려 전문가들에

구분	방법	목적
타운 와칭 (Town Watching)	거리 관찰 및 행인 인터뷰	특정 집단의 트렌드, 동선, 방문 지점 이해
비디오 에스노그래피 (Video Ethnography)	고정 비디오 카메라 촬영	제품 활용 행태나 구매 행태의 관찰로 니즈 발견
POP	매장 관찰 및 판매원 인터뷰	매장 환경 및 고객 구매 행태 관찰을 통 한 니즈 발견
섀도 트래킹 (Shadow Tracking)	이동 상황의 소비자 관찰 및 인터뷰	이동 상황과 관련 제품 활용 행태 이해 및 니즈 발견
홈 비지팅 (Home Visiting)	가정 내에서 소비자 관찰 및 인터뷰	가정 내 상황과 관련 제품 활용 행태 이 해 및 니즈 발견
포토 다이어리 (Photo Diary)	응답자가 일상의 장면을 직접 촬영 및 기록	사용자의 라이프스타일 및 심리적 태도 이해
오디미터 (Audimeter)	텔레비전, 라디오의 시청 행태를 기록	미디어 시청, 청취 프로그램, 시청 시 간 파악

* 자료 : NPD Consulting Introduction, Embrain.

게 잘못 전달되어 오해를 낳을 수도 있다. 고객이 뭔가 문제의식이나 요구 사항을 갖는 것은 결국 고객이 처한 특정 상황에서 문제를 느끼는 것이다. 따라서 관찰법은 고객의 환경, 특수한 상황에서 전문가나 문제의식을 가진 개발자가 고객을 지켜보면서 고객 스스로 느끼지 못하는 문제점을 찾아내고 이에 대한 대응안을 제시하는 방법이다.

관찰법을 고객 조사에 활용하고자 하는 시도는 1930년 무렵부터 시작되었으나, 본격적으로 도입된 것은 얼마 되지 않는다. 〈표 5-4〉는 관찰법으로 활용되는 대표적인 방법론이다.

타운 와칭　　　먼저 타운 와칭Town Watching은 소비자 집단의 라이프스타일이나 트렌드를 파악하기 위해 그들을 만날 수 있는 장소에서 관찰과 인터뷰를 진행하는 방식이다. 거리의 행인이나 매장을 주로 관찰하며, 상품 기획 단계에서 활용하는 조사다. 이때 단순히 거리의 외관만을 보는 수동적 보기Seeing가 아니라, 거리를 구성하는 여러 요소가 창조하는 이미지와 상징을 관찰하여 시대의 분위기와 트렌드를 읽어내는 것이 중요하다. 산업구조의 변화에 따라 제조업과 유통업에서 소비사업 분야로 경제의 흐름이 변화했음에 주목한 기법으로서, 소비 패턴의 다양성에 기초하고 사람들의 행동보다는 상점, 진열대, 상품, 거리의 여러 가지 시설물 등을 테마별로 빠르게 관찰한다.

이 관찰법은 일회성으로 단편적 의미를 파악하기보다는 광범위하고 장기간에 걸쳐 변화하는 모습을 비교·관찰하는 것이 효과적이다. 관찰하고자 하는 대상의 행동이 많이 일어나거나 타깃 그룹이 많이 모이는 거리를 선정하고, 그곳에서 사람들의 기본 행위, 즉 먹고 놀고 마시는 장소의 특성을 관찰한다. 이러한 관찰을 통해 이들이 행동하는 횟수나 간판, 사람들이 입는 옷, 즐겨 먹는 먹을거리, 다양한 물리적 흔적 등을 사진으로 촬영하고 촬영한 사진을 KJ법 등의 분류를 통해 군집화

관찰 환경 설정
– 트렌드 읽기에 적합한 환경을 선정
– 연구 목적에 맞는 사람들이 주로 모이는 장소와 시간을 설정

관찰 기간 설정
– 장기적 · 단기적 연구 기간으로 나누어 관찰 기간을 설정
– 4주 이상 기간을 설정하여 관측하는 것이 일반적

거리 관찰
– 사람, 거리, 상점 간의 상호작용을 중심으로 트렌드 자료 수집
– 타운의 성향 추출

데이터 수집 및 분석
– 표의 작성 및 분석을 통해 얻은 데이터를 설명

키워드 추출
– 분석된 데이터의 내용을 바탕으로 특성을 기술
– 특성의 흐름에 따라 키워드를 추출하여 트렌드를 분석

〈그림 5-4〉 타운 와칭 과정

하고 키워드화하여 행위나 관찰 내용에서 의미를 추출한다. 또는 일정
한 거리를 정기적으로 장기간 촬영하여 그 변화해가는 과정을 읽어내기
도 한다.

관찰법   관찰법은 사물과 현상을 포함한 관찰 대상의 측면과 관찰 대상에 영향을 주는 환경요인의 측면, 관찰된 데이터의 인식론적 관점 등으로 이루어지는 일련의 학문 분야다. 디자인 분야에서 관찰법은 주로 사용자를 대상으로 사용 환경 내에서 일어나는 상황을 디자인 개발 목적에 맞는 해석 프레임워크에 따라 분석하는 과정을 칭한다.

관찰법이 사용자 니즈 분석의 도구로 맨 처음 사용된 것은 1984년에 제록스 팔로 알토 연구 센터Xerox Palo Alto Research Center의 루시 서치먼Lucy Suchman에 의해서다. 그녀는 사용자 니즈를 도출하기 위해 관찰법의 일환인 비디오 에스노그래피를 사용했다. 그리고 복사기 사용의 편리성을 높이기 위해 다양한 사용자가 복사 작업을 하는 것을 비디오로 기록하고, 기록된 정보를 통해 사용상의 문제점과 사용자들의 생각과 복사기 기능 구현상의 차이점 등을 알아냈다. 이러한 발견은 기존에 복사기 시스템에 관해 가지고 있던 기본적인 생각을 바꾸어놓았으며, 기계와 사용자 간에 발생하는 정보의 교환에 관한 새로운 생각을 제시했다.

이와 같이 관찰법은 실제 세계에서 사용자들이 특정 환경에서 행동하는 방식을 연구하여 다양한 각도에서 문제점을 도출해내고 궁극적으로 새로운 제품의 콘셉트를 제시할 수 있는 유용한 기법으로 인정받고 활용된다.

비디오 에스노그래피   비디오 에스노그래피Video Ethnography는 관찰법의 일종으로, 특정 제품이나 환경에 대한 소비자의 사용 행태를 한 지점에 카메라를 고정하여 기록하고 관찰하는 방식이다. 가전제품 등 기존 제품 사용상의 문제점을 파악하거나 식품 매장 등 특정 환경에서 소비자가 느끼는 문제점을 파악하여 이를 개선하거나 새로운 아이디어를 도출하는 데 활용한다. 고객들이 말이나 글로 표현하지 못하지만 구입하면서, 이용하면서 무의식적으로 하는 행동이나 표정 등을 전문가가 제품 개발이나 개선의 의도를 가지고 관찰함으로써 찾아내는 기법이다.

홈 비지팅   홈 비지팅Home Visiting은 조사 대상 가구를 방문하여 집 안 환경을 관찰하고 가족 구성원과 인터뷰를 함으로써 가정 내 라이프스타일 및 제품 사용 행태를 파악하는 것이다. 새로운 제품과 서비스 기회를 찾으려고 실제 사용자의 니즈를 깊이 파악하고자 할 때 사용한다. 고객들이 가정에서 제품을 둔 위치, 제품 주변에 놓은 것들, 제품 내에 보관하고 있는 물건, 사용하면서 보이는 행태 등을 파악함으로써 고객이 이성적으로 의식해서가 아니라 생활 습관 속에서 어떤 문제점을 만들어내는지, 어떤 개선점이 필요한지를 전문가가 파악해내는 기법이다. 고객을 방문하여 인터뷰한 내용을 기록하거나 방문자가 카메라나 비디오를 준비하여 상황을 남겨놓으면 향후 상품을 개발할 때 중요한 자료로 활용할 수 있다.

POP   POPPoint Of Purchase는 매장 관찰 및 판매원 인터뷰 방법이다.

고객이 구매하려고 방문한 매장 환경을 분석하고 그 매장 환경에서 고객이 어떤 구매 행태를 보이는지 관찰함으로써 문제점을 발견하고자 하는 것이다. 제품과 고객 외에 구매에 영향을 미치는 매장 환경을 분석함으로써 매장 환경 개선 방안을 모색하는 용도로 활용된다. 또한 이러한 소비자 구매 행태를 토대로 상품 판매 전략을 수립할 때도 사용된다.

온라인 일기　　　온라인 일기는 개인의 중요한 생활 이야기를 개인적 관점에서 기록하는 방식이다. 초등학교 때부터 작성하는 일기의 형식을 빌려 온라인상에 주어진 양식을 활용하여 일상생활에서 제품 및 서비스 이용 경험에 대해 작성하는 것이다. 선정된 소비자가 주어진 상품이나 과제 영역에서 하루 동안 경험한 내용을 작성하고, 필요하다면 이미지까지 기록한다. 단순히 제품에 대한 연구만이 아니라, 소비자의 일상적인 라이프스타일 전반에 대한 연구와 이런 라이프스타일 속에서 언제 어떤 장소에서 누구와 함께 어떤 목적으로 이런 제품을 사용하고 서비스를 이용하는지에 대한 구체적인 정보를 수집할 수 있다. 이리하여 대상 고객의 생활 전반에 걸친 특성을 이해하고 생활 속에서 고객이 인식을 하든 못하든 관계없이 고객의 니즈를 파악할 수 있는 방법이다.

그렇다면 실제 사례를 통해 이런 방법이 어떻게 활용되었는지 살펴보자. 앞에서 사례로 활용했던 무지의 '생활에 좋은 상품 연구소'에서 생활 관찰을 진행하는 사례를 통해 관찰법에 대해 설명해보겠다.

무지는 일단 사이트를 통해 고객의 참여 신청을 받는다. 이때 참여한

⟨표 5-5⟩ COA 컨설팅 진행 시 수집한 푸드 다이어리 사례

날짜	시간	구입 품목	제품명	구입 수량	구입처	구입 시 사용도	구입 가격	비교 제품	먹은 장소	함께 먹은 사람	주재료	구입 시 고려 사항	문제점
10/9 금	11:00	떡	꿀떡	1 (8개입)	구내 매점	간식	1,000	빵, 초콜릿	강의실	친구	쌀	수업 중 쉬는 시간에 간편하게 먹을 수 있는지	위생 상태 의심
	16:40	음료수	내 몸에 흐를 류	1	구내 매점	갈증 해소	1,000	음료수 (17차, 오늘의 차)	강의실	친구	물	수업 중 간편하게 먹을 수 있는지	
	20:20	아이스 크림	맥도날드 아이스크림	1	맥도날드	동아리 모임 후 디저트	400		맥도날드	친구들			
10/10 토	10:00	우유	서울우유	1	편의점 (패밀리마트)	아침 식사 대용	700		버스 안	혼자	우유	아침 대신 든든하게 먹을 수 있는지	먹은 후 팁팁함
	11:30	껌	ID	1	편의점	입가심	1,200	자일리톨 (롯데)	동아리 모임	혼자	껌	우유 먹고 팁팁한 입을 개운히 하기 위해서	개운함 보다는 단맛이 강함
	13:00	음료수	17차	1	편의점	갈증 해소	1,000		지하철	혼자	물		
	13:30	과자	카스텔라	2	이마트	소풍 간식	4,000	초코파이, 몽쉘	소풍 장소	친구	밀가루	간식으로 저렴하며 여럿이 나누어 먹을 수 있는지	
		음료수	2% 부족할 때	1	이마트	소풍 간식	1,200	주스	소풍 장소	친구	물		
		과자	칸쵸	2	이마트	소풍 간식	700	다른 과자	소풍 장소	친구	밀가루, 초콜릿		
		과자	빠다코코낫	1	이마트	소풍 간식	1,200	다른 과자	소풍 장소	친구	밀가루		
		사탕	밀크바스 8.5	1	이마트	소풍 간식	1,000	사탕, 껌류	소풍 장소	친구	사탕		
	16:00	커피	바닐라라떼	1	커피빈		5,000	스타벅스, 이디야	커피빈	친구	물, 커피	가까운 곳에 커피빈 위치, 커피빈이 왠지 더 좋아 보임	비쌈

166

고객에게는 3,000엔 상당의 상품권이 증정된다. 신청한 고객의 자택을 방문하여 '생활 관찰'을 통해 고객의 생활을 꾸준히 관찰하고, 여기에서 잠재 니즈를 발견한다. 생활 관찰을 위해 고객의 자택을 방문하여 현관·화장실·부엌·거실·침실·수납공간 등 일반적으로 다른 사람에게 잘 보여주지 않는 부분까지 관찰하고 사진을 촬영하며 간단한 문답을 진행한다. 집 안에서 어떠한 물건을 어떻게 사용하는지, 또 어떤 문제점을 느끼는지, 또 무엇을 소중하게 다루는지 등 생활을 그대로 가공하지 않고 관찰하고 기록한다. 이로써 내부의 전문가들은 고객 생활 연구를 토대로 새로운 상품 아이디어를 발견하거나 상품의 기능과 형태 등을 생각해내는 것이다.

집 안에는 다른 사람에게 보여주고 싶은 부분(인테리어, 수집품 등), 되도록 다른 사람에게 보이고 싶지 않은 부분(벽장 속, 장난감 수납장 등), 그리고 그다지 의식하지 않는 부분(소파가 있는데도 바닥에 앉는다거나 벽면의 사용 방식 등)이 있다. 생활 관찰에서는 다른 사람에게 보여주고 싶은 부분이 아니라 되도록 다른 사람에게 보이고 싶지 않은 부분과 그다지 의식하지 않는 부분에서 새로운 상품에 대한 아이디어를 발견한다고 한다.

지금까지 잠재 정보를 획득하는 방법에 대해 알아보았다. 마지막으로 이러한 정보의 획득은 단발로 끝나는 것이 아니라 지속되었을 때 그 의미를 발휘한다는 점을 강조하고 싶다. 정보의 수집에서는 다양한 채널을 통해 정보를 수집하는 것뿐만 아니라 정기적인 정보 수집을 통해 정보를 축적하는 것도 중요하다는 것을 잊지 말아야 할 것이다.

브래들리 효과Bradley Effect라는 말이 있다. 이는 1982년 미국 캘리포니아 주지사 선거에서 유래된 말로 사회적 인식을 의식해서 자신의 의견을 사실대로 표현하지 못하는 현상을 가리키는 말이다.

당시 민주당의 흑인 후보였던 토머스 브래들리는 공화당의 백인 후보인 조지 듀크 미지언과 경쟁하였다. 브래들리는 선거 전의 각종 여론조사에서 더 높은 지지율을 얻은 것은 물론, 선거날 출구조사에서도 듀크 미지언에 앞섰다. 하지만 개표결과, 브래들리는 1.2%의 근소한 차이로 듀크 미지언에게 패배하였다. 그 원인은 일부 백인 유권자들이 자신의 인종적 편견을 숨기기 위하여 여론조사에서 흑인인 브래들리를 지지한다고 거짓으로 응답하였고, 지지하는 후보를 아직 결정하지 못하였다고 응답한 백인 유권자들 가운데 상당수가 백인인 듀크 미지언을 선택한 결과로 분석되었다.

이러한 현상은 고객 니즈를 파악하는 과정에서도 관찰할 수 있다. 모 제과회사에서 신상품개발을 위한 고객 조사를 진행했을 때의 일이다. 오리엔테이션을 마치고 참여한 대학생들이 돌아갈 때 그 회사의 과자 제품을 상자로 나누어주었다. 실제 제품을 주위에 나눠주고 얘기를 해보라고 상자로 준 것이다. 맛있는 과자를 무료로 많이 받으면 학생들도 좋아할 것이라 생각했는데 말은 감사하다고 했지만 표정은 아니었다. 다음 번 미팅에서 이유를 물었더니, "이렇게 큰 과자 박스를 들고 지하철을 타면 창피하다"는 이야기를 조심스럽게 털어놓았다. 사람들이 자신을 '자기 관리도 못하는 세련되지 못한 여대생'으로 생각할 것 같다는 것이 그 이유였다.

잠재 니즈를 파악함에 있어서는 고객의 말뿐만 아니라 표정이나 행동까지 잘 관찰하는 것이 중요하다는 것을 다시 한 번 인식시켜주는 사례라 할 것이다.

 고객 행동 관찰

고객의 잠재 니즈를 파악하기 위해 고객 행동을 관찰하는 방법은 어떻게 구분할 수 있을까? 먼저 관찰자와 관찰 대상자가 동일한 공간에 있는지 서로 다른 공간에 있는지에 따라 참여형 관찰과 비참여형 관찰로 구분된다. 앞서 소개한 관찰 방법 중 타운 와칭·홈 비지팅·새도 트래킹·POP는 참여형 관찰인 반면, 비디오 에스노그래피·포토 다이어리·오디미터는 비참여형 관찰이라 하겠다.

참여형 관찰은 다시 관찰자와 대상자가 서로 대화를 나누는 등 교류하면서 관찰하는 교류형 관찰 방법과 상호 커뮤니케이션을 하지 않고 진행되는 비교류형 관찰로 구분된다. 교류형 관찰에서는 관찰자가 대상자에게 어떠한 과제를 주고 그 과제를 수행하는 상황을 관찰하거나 대상자가 보이는 특정 행동에 대해 관찰자가 이유를 묻는 형태로 상호 커뮤니케이션이 이루어진다. 홈 비지팅은 주로 교류형으로 진행되는 반면 타운 와칭, 새도 트래킹은 비교류형으로 진행된다. POP는 조사 목적에 따라 교류형으로 진행할 수도 있고 비교류형으로 진행할 수도 있다.

비참여형 관찰도 직접 관찰과 간접 관찰로 다시 구분 가능하다. 직접 관찰은 관찰자와 대상자가 동일한 공간에 있지 않더라도 미러 룸 mirror room등의 장비를 활용하여 행동이 발생하는 상황을 직접 관찰하는 방법이다. 반면, 간접 관찰에서는 영상이나 사진 등을 통해 간접적으로 관찰을 진행하게 된다. 비디오 에스노그래피, 포토 다이어리, 오디미터는 모두 간접 관찰 방법이다.

어떠한 관찰 방법을 활용할 것인가는 조사 목적, 대상 제품의 특성, 조사 기간 등을 고려하여 선택하여야 할 것이다.

고객의 잠재 니즈 유형별 파악 방법

고객의 니즈가 왜 잠재되어 있는지를 세 가지 유형으로 구분하여 다음과 같이 각각의 잠재 원인별로 파악하는 방법을 알아보았다.

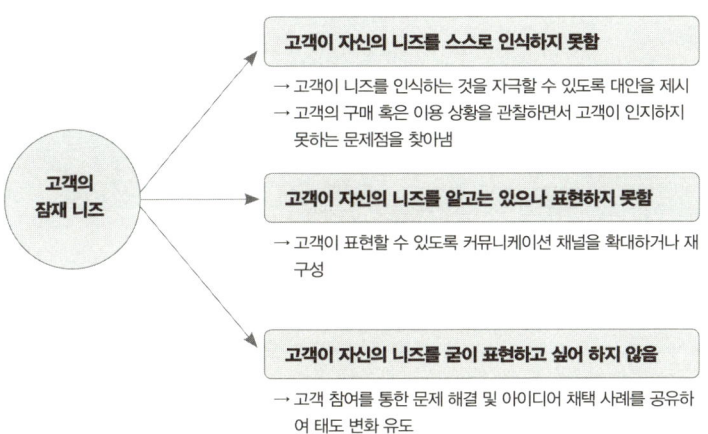

정보 수집의 핵심 사항과 수집 방법

위에서 제시한 파악 방법에 따라 잠재 니즈에 대한 정보를 수집하려면, 기존의 채널 구성을 확대하는 것과 각 채널에서 정보를 얻는 방법을 다양화하는 것이 핵심 사항이다. 5장에서는 이러한 관점에서 채널 유형 및 정보 수집 방법에 따라 잠재 정보를 얻는 다양한 채널을 소개했다.

제6장

정보 분석으로 비즈니스 기회를 얻자

4장과 5장에서 설명한 방법을 활용하여 시장과 고객의 변화에 대한 다양한 정보를 수집했다고 하더라도 여기에서 바로 새로운 비즈니스 기회를 얻을 수 있는 것은 아니다. 오히려 지금부터가 중요하다. 다양한 정보를 분석·활용하는 과정이 체계적으로 진행되어야 애써 모은 정보들이 비로소 의미를 가질 것이다.

01

수집한 정보를
제대로 분석하는 방법

정보 수집 채널을 확대하여 전보다 훨씬 풍부한 자료를 확보했다. 이제 어떻게 해야 할까? 정보가 많이 모였다고 해서 모든 문제가 해결되는 것은 아니다. 물론 폭넓은 정보를 통해 우리의 사고의 폭이 훨씬 넓어지고, 이에 따라 새로운 비즈니스 기회, 서비스 아이디어, 문제를 해결할 대안도 좀 더 창의적으로 나올 가능성이 커진 것은 사실이다. 하지만 오히려 많아진 정보를 해석해야 하는 상황에서는 어쩌면 더 막막하게 느껴질 수도 있다. 정보가 한 가지일 때는 그 정보가 옳든 그르든 그것만 해결하면 되지만, 정보가 많아지면 그중 어떤 정보에 비중을 두어야 하는지 고민하게 되니 말이다. 그러면 이제 "구슬이 서 말이라도 꿰어야 보배"라는 말처럼, 수집된 다양한 데이터에서 유용한 인텔리전스, 놀리지, 전략적 의사결정을 찾아가는 과정으로 들어가 보자.

분석을 제대로 하는 것이 말처럼 쉽지는 않다. 어떠한 정보에 어떠한 의미를 부여해야 할지, 어떤 정보는 재빨리 대응하고 어떤 정보는 좀 더 추이를 지켜봐야 할지, 또 대응을 한다면 어떻게 해야 할지⋯⋯. 자료가 너무 적어도 분석하기 어렵지만, 자료가 많으면 많은 대로 막막해지는 것이 현실이다. 자료를 한번 훑어보기만 하면 감각적으로 척 하고 의미 있는 인텔리전스를 뽑아낼 수 있다면 좋겠지만, 이런 능력을 타고날 수는 없다. 언뜻 이러한 능력을 타고난 듯 보이는 사람이 주위에 있을 수도 있다. 하지만 이미 설명한 바와 같이, 이러한 감각은 타고난다기보다 의식적으로, 또는 의식하지 못한 채 진행된 훈련을 통해 길러졌을 가능성이 높다.

이러한 감각을 갖추었든 갖추지 못했든 마켓센싱에서는 이처럼 방대한 자료를 체계적으로 분석하여 의미 있는 인텔리전스를 도출해내는 것이 중요하다. 이러한 감각을 갖추지 못했다면 먼저 여기에서 제시하는 분석 방법을 이해하고 의식적인 훈련을 통해 감각을 갖춰나가야 할 것이다.

마켓센싱에서 수집한 정보를 어떻게 분석해야 할지를 이해하기 위해 먼저 마켓센싱의 개념을 다시 한번 상기할 필요가 있다. 앞서 2장에서는 "마켓센싱은 인간의 감각 구조처럼 비즈니스 상황에서 시장과 고객의 변화에 대한 다양하고 복잡한 정보를 민감하게 파악하고, 문제 해결 관점, 미래 비즈니스 관점으로 분석하고 활용하는 능력"이라고 정의했다. 또, 마켓센싱을 통해 빠르게 변화하는 시장과 고객 환경에서도 고객이 '새롭다', '혁신적이다'라고 느낄 수 있는 새로운 가치를 창출하여 제공하는 것이 중요하다고 강조했다. 따라서 마켓센싱을 위한 분석은 수집된 정보를 기반으로 미래 비즈니스로 연결되는 새로운 고객 가치를 창출하는 관점에서 진행되어야 할 것이다. 이렇게 볼 때, 마켓센싱에서의 정보 분석은 〈그림 6-1〉과 같이 세 단계로 구분하여 추진할 수 있다.

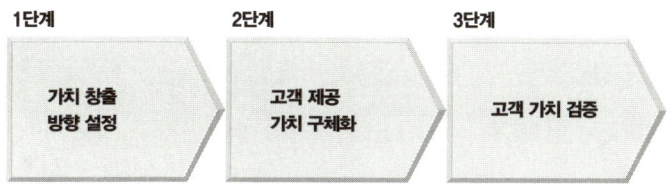

<그림 6-1> 마켓센싱 정보 분석

첫 번째 단계는 가치 창출의 방향을 설정하는 단계, 두 번째 단계는 고객 제공 가치를 구체화하는 단계, 그리고 마지막 세 번째 단계는 고객 가치를 검증하는 단계다. 그러면 마켓센싱 정보 분석의 각 단계별로 정보 분석 방법을 살펴보자.

02
1단계 :
고객 가치의 방향 설정

정보 분석의 첫 번째 단계는 새로운 고객 가치 창출의 방향을 설정하는 것이다. 이 단계에서는 주로 다양한 국내외 트렌드 관련 정보를 분석하여 앞으로 새로운 상품 또는 새로운 서비스를 기획할 때 어떠한 방향을 설정하는 것이 바람직할지에 대한 의사결정을 내린다.

기존에는 해외 벤치마킹을 통해 해외에서 검증된 상품을 찾아내어 이와 동일하거나 유사한 콘셉트로 국내에 상품을 출시하는 방법이 많이 활용되었다. 즉, 먼저 2차 자료로 분석하거나 출장 등을 통해 다양한 국내외 성공 사례를 찾아내고 히트한 원인을 분석한 후, 국내시장 또는 고객에게 적용할 수 있다고 생각하는 상품을 추려내고, 마지막으로 자사에서 추진 가능한지를 검토하여 유사한 상품을 출시하는 프로세스로 진행되었다. 〈표 6-1〉은 2차 자료를 통해 일본 식품업계 히트 상품 및 히

일본 식품업계 히트 상품	히트한 원인
모리나가 유업의 요구르트 '트리플 제로(Triple Zero)'	당분·첨가물 등 몸에 나쁜 성분을 뺀 '0' 콘셉트로 인기
산토리의 두부 스무디 '부드러운 아침 식사'	두부와 과일을 재료로 건강을 생각하는 직장인이 아침 식사 대용으로 가볍게 먹을 수 있도록 하여 인기
고노 피자	원뿔형의 독특한 모양으로 피자를 한 손으로 간단히 먹을 수 있도록 하여 인기
맥도날드의 '맥랩(Mc Wrap)'	기존 햄버거와 달리 한 손으로 간단히 먹을 수 있는 형태로 인기
도요 베버리지(Toyo Beverage)의 라이프스타일 대응형 커피 음료 (로하스 클럽 등)	기존의 커피 음료와 차별되게 고객의 라이프스타일을 고려한 감각적 디자인과 콘셉트로 인기
모리나가 제과의 초콜릿 과자 '고에다(Koeda)'	기존의 고에다 초콜릿 과자를 직장 여성 대상으로 재출시함. 감각적 디자인과 소포장으로 인기
글리코의 스낵 '치자(Cheeza)'	직장 남성을 위한 본격 서양풍 안주를 콘셉트로 하여 인기
글리코의 초콜릿 과자 '워키워키(Walky Walky)'	들고 다니면서 먹기 편하고 귀여운 디자인으로 인기

* 자료 : Nikkei Trendy, 2008. 12.; 2009. 12.

트한 원인을 정리한 자료다. 기존의 벤치마킹 방법에서는 이러한 자료를 기초로 이 중에 무엇을 국내시장에 맞게 변형하여 출시할 것인가에 분석의 초점이 맞추어졌던 것이다.

그런데 〈표 6-1〉에서와 같이 각 히트 상품별로 히트한 원인을 텍스트로만 정리해두었을 때는 전체적으로 어떠한 의미를 분석해내는 것이 쉽지 않다. 또한 관련 히트 상품에 대한 벤치마킹 대상도 전 세계 어디의 어떤 상품군으로 해야 할지 막막하다. 즉, 고객에게 제공하고자 하는 가치가 명확하게 정해지지 않은 상황에서는 분석해야 할 자료의 양도 많고 어디에서부터 어떻게 구해야 할지도 명확하지 않게 된다. 마지막으로 이러한 분석은 많은 상품 중에 자사와 부합하며 국내 고객에게 사랑받는 상품을 골라내야 하는데, 그 선택 기준이 모호하다는 것이다. 그러다 보니 실제 제과 회사에서는 상품 개발 여부를 결정하는 단계에서 포장 상태와 시식이 가능한 단계까지 경영진에게 보여줘야만 상품 개발 여부가 결정된다는 것이다. 물론 이에 따르는 시간과 비용의 손실도 크고, 스마트한 고객들은 그 상품에 후한 점수를 주지도 않게 된다.

이런 단편적인 접근으로 국내시장에서 성공을 보장할 수 없다는 것은 누구나 인정하는 사실이다. 그렇다면 이러한 정보는 활용할 수 없는, 그러므로 무시해도 되는 정보인가? 그렇지는 않다. 동일한 정보라도 어떻게 분석하느냐에 따라 전혀 다른 시사점을 뽑아낼 수 있기 때문이다. 앞서 설명한 바와 같이 트렌드 관련 정보는 그대로 상품 개발에 응용하는 것이 아니라, 축적된 정보 내에서 새로운 가치 창출의 방향을 설정하는 데 가장 중요한 단계이며 출발점이다. 기존의 해외 벤치마킹에서는 해외 히트 상품을 개별적으로 분석하여 각각에 대해 국내시장 도입 여부를 판단하여 상품화했다면, 마켓센싱에서는 해외 히트 상품 정보를 포함한 다양한 트렌드 정보 및 내부 정보를 기반으로 고객 가치 창출 방향을 먼저 설정하고, 이를 토대로 고객 가치를 구체화하고, 고객 가치 검증을 거쳐 상품화가 이루어지기 때문이다. 이제 구체적으로 정보를 분석하는 방법을 설명하겠다.

〈표 6-2〉키워드 도출 사례

일본 식품업계 히트 상품	히트한 원인	키워드
모리나가 유업의 요구르트 '트리플 제로'	당분 · 첨가물 등 몸에 나쁜 성분을 뺀 '0' 콘셉트로 인기	몸에 안 좋은 성분 제거
산토리의 두부 스무디 '부드러운 아침 식사'	두부와 과일을 재료로 건강을 생각하는 직장인이 아침 식사 대용으로 가볍게 먹을 수 있도록 하여 인기	요깃거리, 이동성, 몸에 좋은 재료 사용, 직장인 대상
고노 피자	원뿔형의 독특한 모양으로 피자를 한 손으로 간단히 먹을 수 있도록 하여 인기	요깃거리, 이동성
맥도날드의 '맥랩'	기존 햄버거와 달리 한 손으로 간단히 먹을 수 있는 형태로 인기	요깃거리, 이동성
도요 베버리지의 라이프스타일 대응형 커피 음료(로하스 클럽 등)	기존의 커피 음료와 차별되게 고객의 라이프스타일을 고려한 감각적 디자인과 콘셉트로 인기	라이프스타일 고려, 세련된 디자인
모리나가 제과의 초콜릿 과자 '고에다'	기존의 고에다 초콜릿 과자를 직장 여성 대상으로 재출시함. 감각적 디자인과 소포장으로 인기	소포장, 세련된 디자인, 직장인 대상
글리코의 스낵 '치자'	직장 남성을 위한 본격 서양풍 안주를 콘셉트로 하여 인기	본격적인 '맛' 추구, 직장 남성 대상
글리코의 초콜릿 과자 '워키워키'	들고 다니면서 먹기 편하고 귀여운 디자인으로 인기	이동성, 귀여운 디자인

방법 1 : 키워드를 파악하라　　　1단계 분석의 첫 번째 방법은 키워드를 파악하는 것이다. 키워드 분석은 정보, 특히 텍스트 정보의 내용 중 핵심이 되는 용어를 추출하는 분석 방법으로, 텍스트를 분석하는 여러 분석 방법 중 가장 단순한 방법이다. 하지만 각 텍스트 내용을 유형화하여 전체를 분석하고 파악하기 위한 첫 단계로서 키워드 분석만큼 유용한 분석 방법도 없다.

〈표 6-2〉처럼 히트한 원인에 하나의 열을 더 추가하여 키워드라는 항목을 만들어보자. 그런 다음 각 히트 상품별로 히트 원인을 보며 제품별로 주요 키워드를 작성한다. 이렇듯 키워드를 정리하다 보면, '요깃거리Light Meal', '이동성', '디자인'과 같이 공통적으로 나타나는 키워드를 발견할 수 있다. 이러한 키워드들을 통해 자료를 개별적인 관점이 아니라 전체적인 관점에서 파악할 수 있다.

방법 2 : 핵심을 단순화하라　　　분석 방법 1에서는 키워드 분석을 통해 자료를 전체적으로 파악했다. 방법 2는 이를 기초로 핵심을 파악하고, 이를 단순화하는 단계다. 여기에서 단순화라 함은 읽어낸 키워드에서 다시 공통적인 요인을 뽑아내는 과정을 말한다. 핵심을 단순화하는 작업은 정보 분석의 1단계인 가치 창출 방향 설정에서 가장 중요한 단계다.

핵심을 단순화할 때에는 먼저 각각의 정보 텍스트를 수박 겉핥기식이 아니라 깊이 있게, 다양한 각도에서 이해하는 것이 필요하다. 그래야만 다양한 정보 속에서 공통적인 요인을 뽑아내는 것이 가능해지기 때문이다. 또한 이러한 분석을 반복적으로 진행하는 것이 필요하다. 반복을 통해 각각의 분석에서 핵심을 단순화하는 개인의 역량이 키워질 뿐만 아니라, 앞서 진행한 분석이 가설이 되어 이후에 진행하는 분석에서 핵심을 단순화하는 작업을 좀 더 수월하게 진행할 수 있기 때문이다.

〈그림 6-2〉는 앞서 〈표 6-2〉의 키워드 도출 사례를 기반으로 핵심

일본 식품업계 히트 상품	키워드
모리나가 유업의 요구르트 '트리플 제로'	몸에 안 좋은 성분 제거
산토리의 두부 스무디 '부드러운 아침 식사'	요깃거리, 이동성, 몸에 좋은 재료 사용, 직장인 대상
고노 피자	요깃거리, 이동성
맥도날드의 '맥랩'	요깃거리, 이동성
도요 베버리지의 라이프스타일 대응형 커피 음료(로하스 클럽 등)	라이프스타일 고려, 세련된 디자인
모리니가 제과의 초콜릿 과자 '고에다'	소포장, 세련된 디자인, 직장인 대상
글리코의 스낵 '치자'	본격적인 '맛' 추구, 직장 남성 대상
글리코의 초콜릿 과자 '워키워키'	이동성, 귀여운 디자인

기존 대상

직장인(남성) 대상

몸에 좋은 재료 사용, 나쁜 성분 제거 등 이성적 소구

세련된, 귀여운 등 감성적 소구

〈그림 6-2〉 키워드의 단순화 사례

을 단순화하여 두 가지 요인을 도출한 사례다. 그림에서 보는 것처럼 〈표 6-2〉의 히트 상품 분석 내용에 기초하여 먼저 첫 번째 핵심 요인으로서 대상의 변화를 도출했다. 히트 상품 중 기존의 동일한 상품 카테고리의 일반적인 고객층을 확대하여 신규 고객으로 대상을 확대한 상품들이 있다. 기존에 요구르트 · 초콜릿 과자 · 스낵이 어린이를 주요 대상으로 했다면, 이 상품들은 직장 여성 혹은 직장 남성을 주요 대상으로 하여 성공한 사례다. 두 번째 핵심 요인으로 도출한 것은 고객 제공 효익benefit의 명확화다. 히트 상품들을 보면 '이동성', '몸에 좋은 재료 사용' 등의 기능적 효익 또는 '세련된 디자인' 등의 감성적 효익으로 각각의 상품이 제공하고자 하는 가치를 명확하게 설정하고 있다.

이처럼 두 가지 핵심 요인을 도출하면 〈표 6-2〉의 텍스트 정보를 전체적으로 파악하고 새로운 고객 가치 창출의 방향을 설정하는 데 유용한 인텔리전스를 얻어낼 수 있다. 물론 여기에서 제시한 분석 사례는 독자의 이해를 도우려고 극히 일부의 정보를 기반으로 했다는 점을 다시 한번 강조해둔다. 실제 분석에서는 더 다양한 정보 간 비교 · 분석을 통해 더 다양한 핵심 요인이 도출될 수 있다. 이를 실제 시장과 고객 상황과 대조해보며 자사 상황에서 좀 더 주목해야 할 핵심 요인을 선별해낼 수 있을 것이다.

방법 3 : 새로운 전략 축을 설정하라 핵심을 단순화하는 작업이 마무리되면, 이를 기반으로 새로운 전략 축을 설정하는 것은 오히려 쉽게 진행할 수 있다. 방법 2에서 도출한 핵심 요인을 기반으로 새로운 가치 창출이 어떠한 방향으로 진행되어야 할지를 결정하는 작업이기 때문이다. 〈그림 6-3〉에서 보는 것처럼 분석 방법 2를 통해 도출한 두 가지 핵심 요인을 매트릭스의 양 축으로 그대로 활용하고 기존의 전략 축과 대비하여 새로운 전략 축이 어떠한 방향으로 설정되어야 할지에 대한 의사결정을 내린다. 조직 내에서 이러한 작업을 진행할 때에도 이미 키워드 분석 결과와 핵심을 단순화한 결과를 통해 관련 조직 구성원들이 이러한 방향을 충분히 이해할 수 있으므로, 조직 내 컨센서스Consensus를 확보하고 향후 추진 체계를 갖추는 것을 비교적 쉽게 진행할 수 있다.

〈그림 6-3〉에서는 방법 2에서 도출된 기존 대상과 직장인 대상을 가

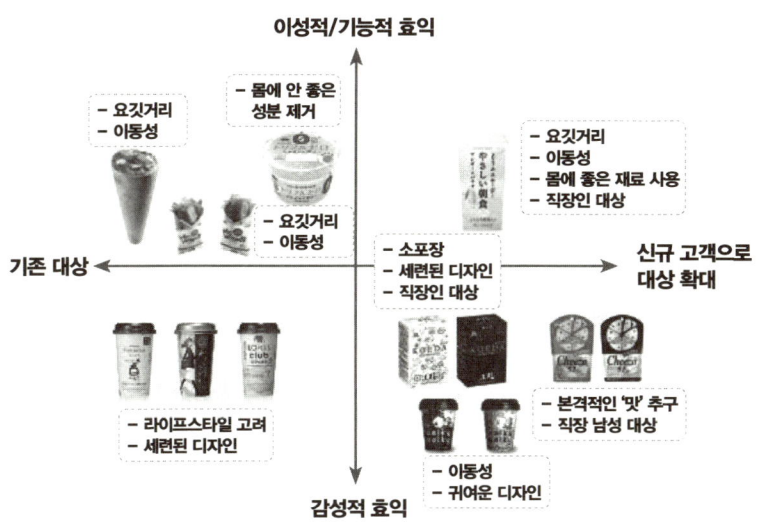

〈그림 6-3〉 새로운 전략 축 설정 예시

로축으로 하여 축의 이름을 대상 고객층으로 이름 붙이고, '기존 대상'과 '신규 고객으로 대상 확대'로 나누어 축을 설정했다. 세로축은 이성적 소구와 감성적 소구를 구분하는 고객 제공 효익으로 축의 이름을 정하고, '이성적/기능적 효익'과 '감성적 효익'으로 축을 설정했다. 이렇게 축을 설정하고 나면, 기존에 제과 시장에서 상품 종류, 소재, 용기, 가격 중심의 포트폴리오에서는 파악되지 못하던 새로운 시장 요인이 발견된다.

〈표 6-2〉에서 제시했던 상품을 키워드별로 해당 축에 자리를 잡아 매트릭스를 그려보면, 〈그림 6-3〉의 매트릭스가 된다.

나열식의 히트 상품이 방법 1의 키워드화를 거치며 전체로 통합되어 나타나고, 방법 2 단순화 과정을 거치며 시장의 특성을 구분하여 나타나고, 방법 3 전략 축 설정에 따라 새로운 시장 기회의 방향성으로 나타나는 것을 보았다. 이렇듯 수집된 정보 분석을 통해 가치 창출 방향 설

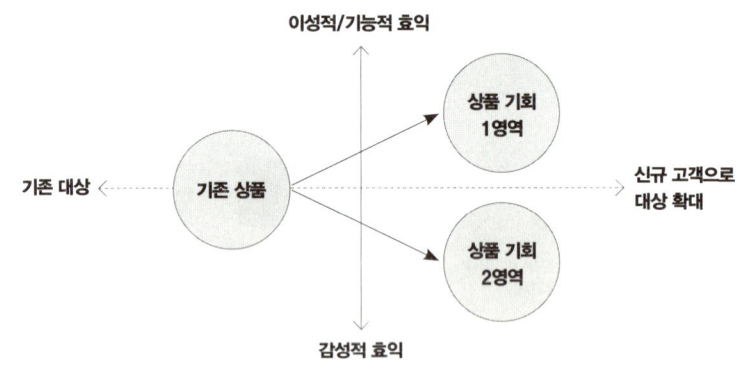

〈그림 6-4〉 새로운 전략 축의 응용

정을 해보았다. 물론 이 단계에서 새로운 전략 축을 반드시 한 가지로 압축할 필요는 없다. 〈그림 6-4〉에서 보는 것처럼 기존 대상이 아닌 신규 고객으로 대상을 확대한다는 것과 이성적/기능적 효익 혹은 감성적 효익으로 고객 제공 가치를 명확하게 제시한다는 것을 기본 방향으로 설정하고 2단계와 3단계를 통해 좀 더 구체적인 고객 가치 분석을 진행하면서 어떠한 신규 고객을 대상으로 선정할지, 또 이성적/기능적 효익과 감성적 효익 중 어떠한 가치를 대상 고객에게 제공할지를 결정해갈 수 있기 때문이다.

03
2단계 :
고객 제공 가치의
구체화

1단계의 분석을 통해 고객 가치 창출을 위한 방향을 설정했다면, 2단계에서는 구체적으로 어떠한 가치를 고객에게 제공해야 할지를 분석한다. 2단계에서는 고객에 대한 관찰과 라이프스타일 이해를 기반으로 새로운 가치 창출을 위해 핵심적으로 파악해야 하는 잠재 니즈를 분석해낸다. 물론 1단계에서 진행한 분석 내용은 2단계의 분석을 하는 데 가설로서 활용한다. 만약에 1단계의 분석 없이 2단계의 분석을 진행하려고 하면 고객을 어디서부터 어디까지 관찰해야 하는지 알 수 없다. 그렇다고 무턱대고 수많은 고객의 다양한 상황을 모두 관찰할 수는 없는 노릇이다. 이는 라이프스타일을 이해하는 데에서도 마찬가지일 것이다. 1단계 분석을 통해 2단계를 진행할 가설이 수립되는 것이다. 1단계 가치 창출 방향 설정 관점에서 2단계의 분석을 진행하면 훨씬 효율적·체계적으로 마켓센싱을 할 수 있다. 그러면 1단계와 마찬가지로 2단계의 분석 방법을 하나씩 살펴보자.

방법 1 : 고객을 관찰하라

1단계에서 제시한 사례를 예로 들어보자. 이 사례에서는 기존 대상이 아닌 신규 대상으로 고객을 확대한다는 것과 이성적/기능적 효익 혹은 감성적 효익으로 고객 제공 가치를 명확하게 제시한다는 것을 기본 방향으로 설정했다. 그렇다면 신규 대상 중 어떠한 대상에 대해 구체적으로 어떠한 가치를 제공하는 것으로 새로운 상품을 설계해야 할 것인지가 문제다. 이를 해결하려면, 4장과 5장에서 설명한 각종 정보 수집 채널을 활용하여 고객에 대해 다양한 각도에서 관찰함으로써 고객을 이해하는 것이 필요하다. 이것이 1단계의 첫 번째 분석 방법이다.

고객을 관찰할 때에는 기존의 2차 자료를 활용할 수도 있고 직접 정보 수집 방법을 기획하여 1차 자료를 생성할 수도 있다. 1단계의 분석 사례를 예로 들어 설명하자면, 먼저 기존 매출 자료, 고객 조사 자료, 고객 센싱 패널 운영 자료, 일반적인 통계자료 등의 2차 자료를 통해 대상 고객 후보군에 대한 기본 특징 파악, 관련 니즈 파악 등을 진행할 수 있다. 이를 통해 어떠한 고객군이 신규 상품의 대상으로 적합할지, 또 이들에게 어떠한 가치의 상품을 제공하는 것이 타당할지에 대한 가설을 좀 더 구체화할 수 있다. 또한 구체화된 가설을 기반으로 홈 비지팅, 포토 다이어리, 고객 조사 등의 1차 자료 수집을 세부적으로 기획하여 더

욱 면밀한 관찰 자료를 얻어낼 수 있다. 이러한 관찰 분석 자료는 방법 2의 라이프스타일 이해와 방법 3의 고객의 잠재 니즈 분석을 위해 귀중한 자료로 활용된다.

방법 2 : 라이프스타일을 이해하라　　라이프스타일이란 '개인 혹은 특정 집단의 가치관 때문에 나타나는 다양한 생활양식, 행동 방식, 사고방식 등 생활의 모든 측면에서의 문화적 · 심리적 차이'를 의미한다. 기업 간 경쟁이 치열해지고 시장이 성숙기에 이르면서 고객의 니즈에 대한 이해 없이는 경쟁에서 살아남을 수 없게 되었다. 라이프스타일은 생활의 모든 측면에서 나타나는 문화적 · 심리적 차이로서 당연히 특정 상품에 대한 고객의 니즈에 직접적인 영향을 미치는 중요한 요인이 된다. 더군다나 마켓센싱에서는 고객 관점에서 '새롭다', '혁신적이다'라고 느낄 수 있는 새로운 가치를 창출하여 제공하고자 하므로, 고객의 라이프스타일을 이해하고 라이프스타일 관점에서 새로운 가치를 구체화하는 것은 매우 중요하다.

〈그림 6-5〉는 20~30대 직장 여성의 라이프스타일을 분석한 예다. 이들의 라이프스타일과 라이프스타일에 따른 먹을거리, 특히 과자에 대한 고객 인식이 어떻게 영향을 미치는지를 보여준다. 라이프스타일, 예를 들어 자기 관리를 중시한다는 것은 사실 언뜻 생각하면 과자와 크게 관계가 없는 것처럼 느껴질 수도 있다. 만약 예전처럼 고객의 직접적인 불만과 같은 단편적인 니즈만을 파악했다면 고객이 자기 관리를

– 자신의 경력, 외모 관리에 관심이 많고 이에 투자함

→ 체중 관리, 피부 관리에 대한 관심은 과자 소비에 직접적 영향

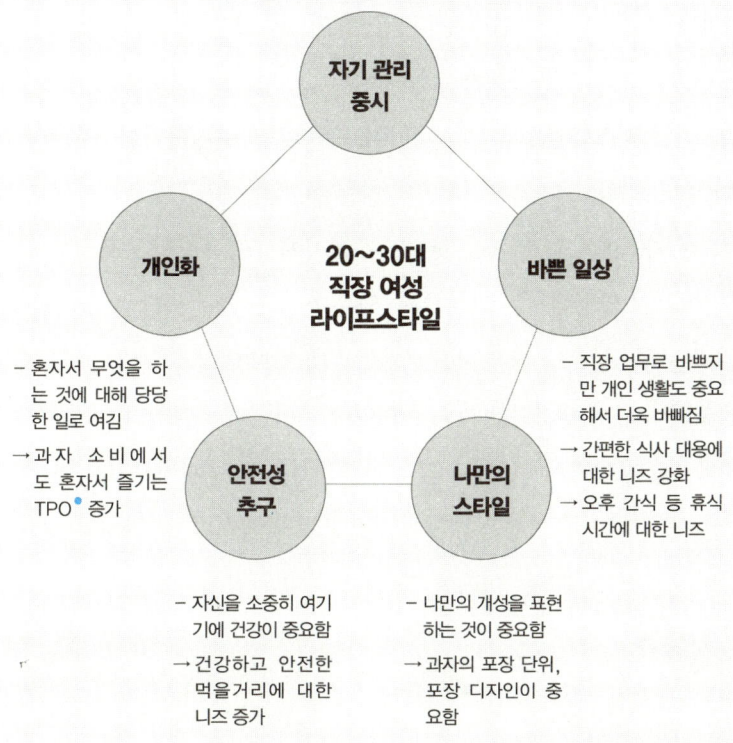

<그림 6-5> 라이프스타일 분석 예시

• **TPO** : Time(시간), Place(장소), Occasion(경우 또는 상황)의 약자다. 즉, 시간과 장소와 상황에 맞는 다양한 생활양식에 따라 마케팅 수단을 달리하는 것을 의미한다.

중시하는 경향이 있다는 정보를 중요하다고 인식하지도, 또 이를 파악
Sensing해야 할 필요성을 느끼지도 못했을 것이다. 하지만 그림에서 보는
것처럼 자기 관리를 중시하는 고객의 라이프스타일은 체중 관리뿐만 아
니라 피부 관리, 영양 관리에 대한 고객의 관여도를 높여 과자 선호에서
도 변화를 가져오는 중요한 요인이 된다.

자신만의 스타일을 추구하는 라이프스타일도 마찬가지다. 자신의 스
타일을 추구하고 이를 표현하고자 먹는 것, 입는 것 등의 소비에서도 차
별되며 자신에게 맞는 것을 찾으면서 과자에서도 포장의 중요성이 커진
다. 이들의 입장에서는 크고 실속 있는 포장은 집에 사다 놓고 먹을 때
는 별문제가 없으나 다른 사람에게는 절대 보이고 싶지 않다. 작고 세련
된 포장이 내가 생각하는 나의 이미지에 들어맞기 때문이다.

이처럼 라이프스타일은 우리가 마켓센싱을 통해 파악하고자 하는 새
로운 고객 니즈에 영향을 미치는 원인으로 작용한다. 따라서 마켓센싱
정보를 분석할 때에는 이러한 라이프스타일 관점에서의 분석이 반드시
필요하다.

방법 3 : 고객의 잠재 니즈를 분석하라　　　고객의 잠재 니즈를 분석
하는 일의 중요성이 점점 커지고 있다. 하지만 잠재 니즈가 구체적으로
어떠한 것이고 어떻게 그것을 분석할 수 있을지에 대해 명확하게 이해
하지 못하는 경우가 많다. 잠재 니즈라는 것이 고객이 표출하는 니즈와
는 전혀 별개의, 우리가 전혀 상상할 수도 없는 니즈일까? 잠재적인 니

즈를 파악하려면 고객에게 최면이라도 걸어야 하는 것일까? 잠재 니즈를 파악하는 것이 정말 가능하기는 한 것일까?

앞서 우리는 고객의 니즈가 표출되지 못하고 잠재되어 있는 원인으로 세 가지를 살펴보았다. 첫 번째는 문제점을 전혀 인식하지 못한 경우, 즉 고객도 본인의 니즈를 알지 못하는 경우에 해당한다. 이러한 경우에는 고객에게 어떠한 대안을 제공함으로써 고객들이 표현하지 못했던 것을 밖으로 끌어내는 것이 가능하다.

두 번째는 표현을 하지 못해서, 즉 표현할 기회가 없거나 표현을 할 대상을 찾지 못했거나 표현할 방법을 명확히 몰라서 잠재 니즈로 남아 있는 경우다. 이 경우에는 고객 관점에서 편리한 커뮤니케이션 채널을 확대함으로써 잠재 니즈를 수집하는 것이 가능하다.

세 번째는 고객이 모든 것을 알고는 있지만, 표현하고 싶어 하지 않아서인 경우다. 이에 대해서는 고객의 의견이 기업 경영에 반영되어 새로운 상품과 서비스로 구체화되는 사례를 많이 접하도록 하여 태도 변화를 유도할 수 있다.

여기에서 우리는 한 가지 의문을 갖게 된다. 두 번째 원인으로 인한 잠재 니즈의 경우는 제외하더라도 첫 번째 원인과 세 번째 원인으로 인한 니즈는 구체적으로 어떻게 접근해야 할지 명확하지 않다고 느끼기 때문이다. 예를 들어, 고객에게 어떠한 대안을 제공한다는 것이 말처럼 쉬운 일인가. 이것도 사전에 어떤 분석이 있어야 대안이 도출되는 것이 아닌가. 세 번째 원인에 대한 해결 방안 또한 첫 번째가 해결되어야 그 다음에 가능한 것이 아닌가. 결국 고객에게 자신들의 잠재 니즈에 대한 가설을 기업이 먼저 제시하는 과정이 필요하며, 이를 위한 분석 방법이 요구되는 것이다.

이에 대한 해답을 얻으려면 고객의 니즈, 즉 고객이 추구하는 가치의 구조를 이해할 필요가 있다. 일반적으로 고객이 추구하는 가치는 〈그림 6-6〉에서 보는 것처럼 기능 가치, 사용 가치, 정서 가치의 피라미드 형태로 구분할 수 있다. 여기에서 기능 가치는 제품 또는 서비스가 고객에게 제공하는 물리적 속성을 의미하며, 사용 가치는 이러한 물리적 속성으로부터 고객이 얻는 구체적인 혜택을 의미한다. 그리고 정서 가치는 다시 이러한 사용 가치를 통해 개인의 가치관과 생활에 변화를 주는 심리적 가치를 의미한다.

저칼로리 맥주를 예로 들어보자. 저칼로리 맥주의 경우 '저칼로리'라는 물리적 속성은 기능 가치에 해당한다. 고객은 저칼로리라는 속성으로 말미암아 살이 찌지 않는다는 사용 가치를 제공받는다. 그리고 살이

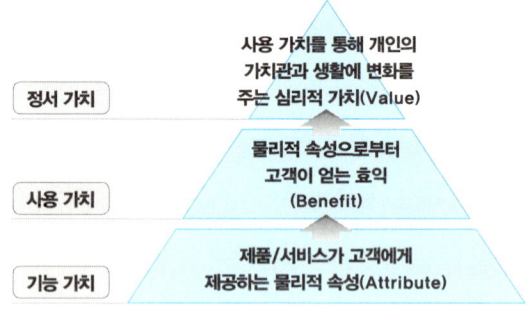

〈그림 6-6〉 고객이 추구하는 가치의 피라미드 구조

194

찌지 않아 자신감을 얻고 사교적이 된다는 정서 가치를 얻을 수 있다. 이처럼 고객이 추구하는 가치, 즉 고객 니즈는 상호 연계되는 피라미드 구조를 나타내는 것이다. 여기에서 '피라미드 구조'는, 피라미드를 구성하는 벽돌의 하단이 견고하게 쌓이지 않으면 상단을 쌓아갈 수 없듯이, 하부의 가치가 충족되지 않으면 상부의 가치 또한 충족될 수 없다는 점을 강조하고자 사용된 용어다. 즉, 저칼로리라는 기능 가치 없이 살이 찌지 않는다는 사용 가치를 얻을 수는 없으며, 마찬가지로 기능 가치와 사용 가치가 제공되지 않는 이상 정서 가치는 절대로 충족될 수 없다.

여기에서 또 한 가지 주목할 것은, 상위의 가치는 고객이 하위의 가치를 추구하는 원인이 된다는 점이다. 고객이 왜 저칼로리 맥주를 마시려고 하는가? 이는 맥주를 마시면서도 칼로리를 가능한 한 적게 섭취하여 살이 덜 찌고 싶기 때문이다. 즉, 고객이 추구하는 사용 가치가 기능 가치 추구의 원인이 되는 것이다. 고객은 왜 살이 덜 찌고 싶어 할까? 이것도 마찬가지다. 자신감을 얻고자 하는 고객의 정서 가치가 원인이 된다. 이처럼 고객의 니즈도 그것이 표출된 니즈이건 잠재된 니즈이건 상호 연계되는 구조를 갖는 것이다.

따라서 우리가 고객의 잠재 니즈를 분석하고자 할 때에는 이러한 니즈의 구조를 이해하고 상위 가치 관점에서 하위 가치에 더 추가할 가치는 없는지를 고민하는 것이 필요하다. 즉, 잠재 니즈라는 것이 우연히, 또는 최면을 통해 발굴되는 것이 아니라 니즈의 전체적인 구조에 대한 이해를 기반으로 논리적으로 파악되어야 한다는 것이다.

〈그림 6-7〉은 라이프스타일에 대한 이해를 기반으로 과자에 대한 가

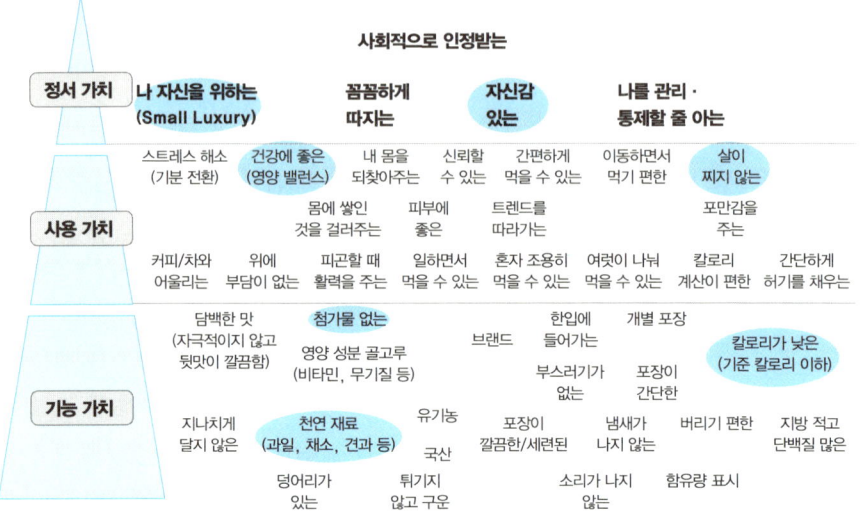

사회적으로 인정받는

정서 가치 | 나 자신을 위하는 (Small Luxury) | 꼼꼼하게 따지는 | 자신감 있는 | 나를 관리 · 통제할 줄 아는

사용 가치
스트레스 해소 (기분 전환) | 건강에 좋은 (영양 밸런스) | 내 몸을 되찾아주는 | 신뢰할 수 있는 | 간편하게 먹을 수 있는 | 이동하면서 먹기 편한 | 살이 찌지 않는
몸에 쌓인 것을 걸러주는 | 피부에 좋은 | 트렌드를 따라가는 | 포만감을 주는
커피/차와 어울리는 | 위에 부담이 없는 | 피곤할 때 활력을 주는 | 일하면서 먹을 수 있는 | 혼자 조용히 먹을 수 있는 | 여럿이 나눠 먹을 수 있는 | 칼로리 계산이 편한 | 간단하게 허기를 채우는

기능 가치
담백한 맛 (자극적이지 않고 뒷맛이 깔끔함) | 첨가물 없는 | 한입에 들어가는 | 개별 포장 | 브랜드 | 칼로리가 낮은 (기준 칼로리 이하)
영양 성분 골고루 (비타민, 무기질 등) | 부스러기가 없는 | 포장이 간단한
지나치게 달지 않은 | 천연 재료 (과일, 채소, 견과 등) | 유기농 | 포장이 깔끔한/세련된 | 냄새가 나지 않는 | 버리기 편한 | 지방 적고 단백질 많은
국산
덩어리가 있는 | 튀기지 않고 구운 | 소리가 나지 않는 | 함유량 표시

〈그림 6-7〉 가치 구조 분석 예시

치 구조를 분석한 사례다. 그림에서 보는 것처럼 '첨가물 없는', '천연 재료', '칼로리가 낮은'과 같은 기능 가치를 기반으로 '건강에 좋은', '살이 찌지 않는'과 같은 사용 가치를 얻을 수 있다. 그리고 이러한 사용 가치를 기반으로 '나 자신을 위하는', '자신감 있는'과 같은 정서 가치를 획득할 수 있다. 반대로 이러한 정서 가치를 위해 고객들은 첨가물 없고 천연 재료를 사용하며 칼로리가 낮은 과자를 필요로 하는 것이다. 이러한 구조를 이해하고 나면 '나 자신을 위하는', '자신감 있는'이라는 정서 가치를 강화하려면 기존 과자에서는 무엇이 문제인지, 어떠한 기능 가치가 추가되어야 하는지를 고민하게 되고, 이러한 고민은 고객의 잠재 니즈의 발견으로 이어질 수 있다.

196

2단계의 분석을 통해 고객을 관찰하여 라이프스타일을 이해하고 고객의 가치 구조를 파악하며 잠재 니즈를 발견하게 되면, 이를 기반으로 상품을 구체적으로 설계하는 것이 가능하다. 일반적으로는 분석 내용에 기초하여 몇 가지 콘셉트를 구체화한 다음, 3단계에서 설명하는 검증을 거쳐 실질적인 상품화를 진행하게 된다. 그러면 이제 마지막 3단계의 분석에 대해 알아보자.

04
3단계 : 고객 가치 검증

마켓센싱 정보 분석의 마지막 단계인 3단계에서는 2단계에서 구체화된 고객 가치를 기반으로 상품화한 내용에 대한 검증을 거친다. 마켓센싱을 통해 미래 관점에서 감지되고 대응되는 비즈니스 기회는 비교적 리스크가 높기 때문에 반드시 검증 과정을 거쳐 걸러져야 한다. 검증 대상이 누구냐에 따라, 조직의 내부 전문가를 활용하는 검증과 실제 가치를 제공받을 고객을 활용하는 검증의 두 가지로 진행할 수 있다.

방법 1 : 내부 전문가의 검증을 거치라   내부 전문가를 활용한 검증은 자사가 제공하고자 하는 '고객 가치가 타당한가?', '시장에서 성공을 거둘 수 있을까?'를 검증하는 가장 효율적인 방법이다. 여기에서 내부 전문가란 고객에게 제공하고자 하는 상품의 기획, R&D, 마케팅 전문가뿐만 아니라, 영업 담당자, 접점 관리자와 같은 고객 전문가를 포함한다. 앞서 설명한 예측 시장 등을 활용할 경우, 조직 내의 집단 지성 효과를 기대할 수 있다.

검증 작업을 진행할 때에는 새롭게 제공하고자 하는 가치가 구체화되어 있을수록 전문가 차원에서 좀 더 정확한 의견을 수렴할 수 있다. 검증을 할 때에는 고객에게 제공하려는 가치가 고객 관점에서 정말 새롭다고 인식할 만한 것인가 하는 측면과 더불어 과연 이러한 가치를 제공하는 것이 자사의 사업성 측면에서 충분한 가치가 있는가에 대한 검증이 같이 이루어지면 좋다.

방법 2 : 최종 검증은 고객에게 맡기라

마켓센싱을 통해 창출하는 가치를 제공받는 대상은 두말할 필요 없이 대상 고객이다. 따라서 새로운 상품과 비즈니스 기회의 타당성을 검증하는 데에서 대상 고객을 대상으로 하는 검증을 진행하는 것은 발생 가능한 리스크를 줄이기 위해 너무도 당연하고 필수불가결한 과정이라 할 것이다.

고객 대상 검증을 진행하는 데에서는 앞서 4장과 5장에서 설명한 센싱 채널 중 고객 조사 방법으로서의 고객 좌담회와 설문 조사를 활용하거나 기존 센싱 패널을 활용하는 것도 가능하다. 물론 웹 기반 고객 참여 커뮤니티를 활용하면 상품 개발의 각 단계별로 세부적인 고객 검증을 진행할 수 있다는 장점이 있다.

일본의 식품 및 가정용품 제조·유통 기업인 무지는 2001년부터 웹 기반 고객 참여 커뮤니티를 활용하여 상품 개발의 각 단계에서 고객의 검증을 얻는 것으로 상품 개발을 진행해왔다. 무지의 첫 번째 고객 참여 상품 개발 성공 사례는 2001년도에 제조·판매된 '들고 다닐 수 있는 조명'이었다. 이 상품의 개발은 〈표 6-3〉과 같이 단계별로 고객의 의견을 수렴하고 검증하는 과정을 거쳤다. 먼저 기본적인 상품 카테고리로서 무지가 커뮤니티 참여 고객에게 제안한 상품 설명은 '침대 근처에 놓고 사용하는, 공간을 크게 차지하지 않고 편리한 조명'이었다. 이에 대해 1단계에서 고객들의 다양한 아이디어를 모집했고, 2단계에서는 이러한 아이디어에 대한 고객의 투표를 거쳐 아이디어를 선정했다. 3단계에서는 선정된 아이디어를 기반으로 세 가지 디자인 안을 개발했고, 4단계

〈표 6-3〉 무지의 '들고 다닐 수 있는 조명' 개발 단계

1단계	커뮤니티 참여 고객으로부터 아이디어 모집
2단계	아이디어에 대한 고객 투표
3단계	상품 디자인 후보 개발
4단계	디자인 후보 안에 대한 고객 투표
5단계	상품화 프로젝트 추진
6단계	커뮤니티 참여 고객으로부터 구매 예약
7단계	상품화 결정
8단계	매장 판매 및 구매 후 고객 의견 수렴

에서는 이에 대한 고객의 투표를 다시 진행했다. 투표 결과, '들고 다닐 수 있는 조명'이 선정되었다.

5단계에서는 선정된 디자인 안에 따라 상품화를 추진했으며, 상품화 과정을 웹 커뮤니티를 통해 고객들에게 상세히 보고하고 공유하는 과정을 거쳤다. 물론 고객들은 그러한 내용에 대해 다양한 의견을 제시하기도 했다. 6단계에서는 커뮤니티 참여 고객으로부터 구매 예약을 접수했다. 사실, 이 단계에서의 구매 예약은 실제 구매에 대한 구속력이 있는 것은 아니었다. 무지로서도 예약 판매의 의미보다는 상품화되었을 때의 성공 가능성을 검증하고 실질적인 수요를 가능한 한 정확히 예측하기 위한 정보를 얻는 것이 목적이었다. 또한 사전 예약을 한 고객은 이 상품의 서포터로서 취급설명서에 이름을 게재하는 등의 혜택을 제공하여 향후 이러한 프로세스를 통해 상품을 개발하는 데 고객이 '참여'할 수 있도록 독려했다. 7단계에서는 상품화를 결정했고, 8단계에서는 매장에서 이 상품을 판매하고, 사용 후기를 통해 고객의 의견을 수렴하는 것도 이 커뮤니티에서 진행했다.

실제 이 상품은 엄청난 히트를 기록하여 현재까지도 판매되고 있다. 그뿐만 아니라 지속적으로 고객의 의견을 수렴하여 상품을 개선시켜 현재는 LED를 사용하는 조명으로 진화했다. 또한 웹 기반 고객 커뮤니티를 활용한 1호 상품 개발의 성공으로 이후에도 무지에서는 다양한 상품을 고객과의 상호작용을 통해 개발하고 있다.

이처럼 고객 검증을 진행할 경우, 발생할 수 있는 리스크를 줄이고 새로운 상품과 비즈니스 기회의 성공 가능성을 높이는 의미 외에도, 고

무지의 '들고 다니는 조명'

객 차원의 평가 데이터를 확보함으로써 조직 내에서 사업을 추진하는 데 힘을 받을 수 있도록 하는 의미도 크다.

일반적인 제품의 개발 과정을 보면, 1) 아이디어 도출 → 2) 선행기술 유무 검색 → 3) 아이디어 구체화 → 4) 제품 도면 및 디자인 설계 → 5) 샘플 제품 제작 및 수정 → 6) 특허 및 실용신안 등록 등 지적재산권 확보 → 7) 금형 제작 및 사출 → 8) 양산으로 진행된다. 양산 이후 평가는 시장에서 매출로 당연히 받게 된다. 하지만 이 단계에서 문제가 발생되면 기업은 비금전적으로 이미지 실추와 금전적으로 기회 상실이라는 큰 타격을 입게 된다. 그렇기 때문에 가능하면 본격적으로 투자가 이루어지기 전, 리스크가 상대적으로 적은 5)번 단계를 전후하여 내외부 평가를 실시하는 것이 신제품에 대한 검증을 진행하는 것이 바람직하다.

내부 평가는 일반적으로 제품 개발과 관련한 내부 전문가와 임원진이 하는 것이 일반적이지만, 이렇게 되면 개발 관점에서 기술적인 혹은 관리적인 이슈만 크게 부각될 뿐, 실제 이를 판매하거나 사용하는 내외부 고객 관점에서는 이 제품이 얼마나 매력적인지를 파악하기는 어렵다. 따라서 평가의 주체를 개발 프로젝트 구성원, 개발 양산을 담당할 실무자, 마케팅 기획 및 광고 실무자, 영업사원, 임원 등 다양한 전문가로 확대 구성함으로써 내부의 집단지성을 활용하는 것이 좋다. 평가 내용에 있어서는 시장 규모에 대한 예측, 고객의 니즈에 부합되는 정도, 향후 성장 가능성 등 제품의 효과impact적인 측면과 함께 기술적인 차별화 정도, 마케팅 투입 자원, 자사 상품간의 자기 잠식 여부, 출시의 적시성 등 실행가능성feasibility을 고려하여 평가하는 것이 필요하다.

최종 고객 평가 시에는 제품의 특성에 대한 고객들의 선호 여부, 기존 제품 대비 차별화 포인트, 고객이 인식하는 편익benefit을 파악하는 것이 필요하다. 고객 평가를 기획할 때는 고객에게 가격과 브랜드를 공개할지 여부(가격과 브랜드 공개 시 이미 형성되어 있는 브랜드에 대한 신념이나 이미지, 가격에 따른 인식이 제품 평가에 영향을 미치게 됨), 제품을 표현하는 문구를 광고카피처럼 감성적인 편익 중심으로 작성하여 전달할 것인지 제품의 특장점을 사실 중심으로 작성하여 전달할 것인지, 또 어떤 제품을 경쟁제품으로 비교 평가하게 할 것인지를 결정하여 평가를 진행하는 것이 좋다.

05
통합적인
정보 분석으로
신뢰도 극대화

정보 분석 방법에 따라 정보를 분석할 때 분석 결과의 예측성과 신뢰성을 높이기 위해 한 가지 염두에 둘 점은, 〈그림 6-8〉에서 보는 것처럼 정보의 분석이 단편적·일시적 정보에 근거하는 것이 아니라 누적적·종합적 정보를 근거로 이루어져야 한다는 점이다.

앞서 살펴보았던 트렌드 분석의 예를 들어보면, 이러한 트렌드 분석 자체도 특정 연도, 특정 시점이 아니라 누적된 정보에 근거할 경우 시장의 시계열적인 변화를 관통하는 흐름을 파악하고 핵심 요인을 더 정확하게 도출할 수 있다. 또한 트렌드 분석 자료뿐만 아니라 다양한 유형의 정보를 통합적으로 활용하면 그 결과는 더욱 신뢰성 높은 분석 자료가 된다. 특히 외부 자료에 자사의 시장 자료를 대입하여 분석하면 자사와의 적합성을 보여주고 자사와의 연결 고리를 증명함으로써 조직 내부의

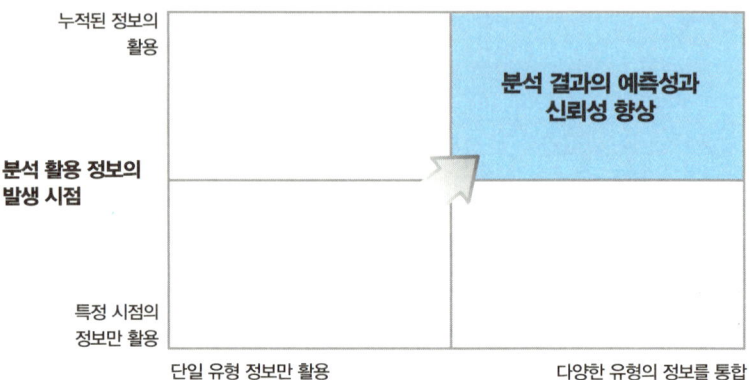

누적된 정보의
활용

분석 활용 정보의
발생 시점

특정 시점의
정보만 활용

분석 결과의 예측성과
신뢰성 향상

단일 유형 정보만 활용   다양한 유형의 정보를 통합

분석 활용 정보 유형의 범위

〈그림 6-8〉 정보의 통합적 분석

협조 체계를 만들어내는 것에도 유리하다. 이를 통해 앞에서 이야기했던 단편적 대응안이 아닌 기업 차원의 전략적 대응이 가능해지는 것이다.

앞서 1단계에서 살펴보았던 사례로 다시 돌아가 보자. 이 사례에서 우리는 일본 히트 상품 트렌드에 대한 분석을 통해 변화의 핵심 요인으로서 대상의 변화를 도출했고, 이를 기초로 대상의 변화를 새로운 전략 축의 기본 축으로 설정했다. 물론 여기에서는 일부의 자료만을 토대로 한 예시적 분석을 제시하고 있기도 하지만, 실제 기업에서 이러한 자료 분석을 통해 의사결정을 진행할 때에는 한 가지 영역에 치우친 자료, 특히 우리와 동떨어진 듯 느껴지는 외부 자료에 대한 분석 결과만으로는 확신을 갖기 어려운 것이 사실이다. 새로운 비즈니스를 추진하거나 새로운 상품을 출시하는 것 모두 기업으로서는 많은 투자가 동반되어야 하는 의사결정이다 보니 더욱 그렇다. 따라서 동일한 유형의 정보라도 이를 시계열적으로 축적된 자료를 기반으로 분석하는 것뿐만 아니라 다양한 유형의 정보를 통합적으로 분석하는 것이 조직 내에서 신속한 의사결정을 이끌어내는 데 더 유용하다. 예를 들면, 트렌드 분석 자료로 얻은 대상의 변화라는 기본 축을 내부의 매출 자료와 짝지어 설명했을 때 훨씬 설득력 있고 자사 상황에 맞는 분석이라는 내부적 공감대를 형성할 수 있다.

실제로 기업의 내부 자료인 편의점 매출 자료를 분석하여 〈표 6-4〉와 같이 편의점 유형별 매출 상위 제품을 정리한 조사 결과를 보면, 주택 주변에 위치한 편의점, 학원 주변에 위치한 편의점, 그리고 사무실

〈표 6-4〉 편의점 유형별 매출 상위 10위 상품

매출 순위	주택가 주변 편의점	학원 주변 편의점	사무실 주변 편의점
1	추파춥스	추파춥스	마켓오 브라우니
2	새우깡	트윅스	추파춥스
3	포카칩 양파 맛	포스틱	로쉐
4	자갈치	오징어칩	트윅스
5	포스틱	노노한 나쵸	초코다이제
6	오징어칩	가나 초콜릿	새우깡
7	마켓오 브라우니	촉촉한 초코칩	로쉐T-3
8	초코다이제	칩포테토	마켓오 순수감자
9	트윅스	마켓오 브라우니	오리온 초코파이
10	칩포테토	새우깡	촉촉한 초코칩

주변에 위치한 편의점에서 매출 상위를 차지하는 제품이 다르게 나타나는 것을 볼 수 있다. 주택이나 학원 주변에서는 제과 중 스낵류의 매출 순위가 높은 반면, 사무실 주변에 위치한 편의점에서는 일반적으로 프리미엄 제과라고 불리는, 양은 적지만 몸에 유해한 성분을 제거한 소포장 제품이 매출 상위를 차지한다. 또, 편의점 유형별 매출액을 분석함으로써 사무실 주변 편의점의 매출이 전체 편의점 매출에서 차지하는 비중이 상당히 높은 수준이라는 것도 알아낼 수 있다. 이는 사무실 주변 편의점을 이용하는 20~30대 직장인들이 일반적인 제과류의 대상인 어린이와는 다른 니즈를 가지면서 충분히 매력적인 구매 집단이라는 것을 나타내는 정보로 분석하여 활용할 수 있다.

이렇게 외부 자료뿐만 아니라 내부 자료에 대한 분석 결과가 더해지면, 기획이나 개발 부서뿐만 아니라 영업·생산 부문의 관심을 끌고 상품 개발 방향에 대한 이들의 동의를 얻어내어 업무를 추진하는 데 훨씬 유리한 상황을 만들 수 있다.

06
분석한 정보,
내 업무에 활용하기

2장에서 설명한 바와 같이 마켓센싱에서 수집·분석한 정보는 단지 신규 사업 또는 신상품의 기획 단계에서만 활용되는 것이 아니다. 마켓센싱 정보는 통합적으로, 조직 전체 관점에서 활용되어야 한다. R&D는 R&D대로, 마케팅은 마케팅대로, 영업은 영업대로 각각 필요한 정보를 수집·분석하고 각 부문 내에서만 활용하는 것이 아니라, 조직 전체 관점에서 시장과 고객의 변화에 대한 정보가 모아지고 통합적으로 분석된 후, 각각의 조직에서 필요한 의사결정에 활용하게 된다. 이렇게 될 때 시장과 고객의 변화에 대한 기업의 대응이 각각의 조직 차원에서 단기적·단편적이 아니라 조직 전체 관점, 장기적 관점에서 이루어질 수 있다.

〈그림 6-9〉는 마켓센싱 정보가 각각의 부문별로 어떠한 의사결정 사

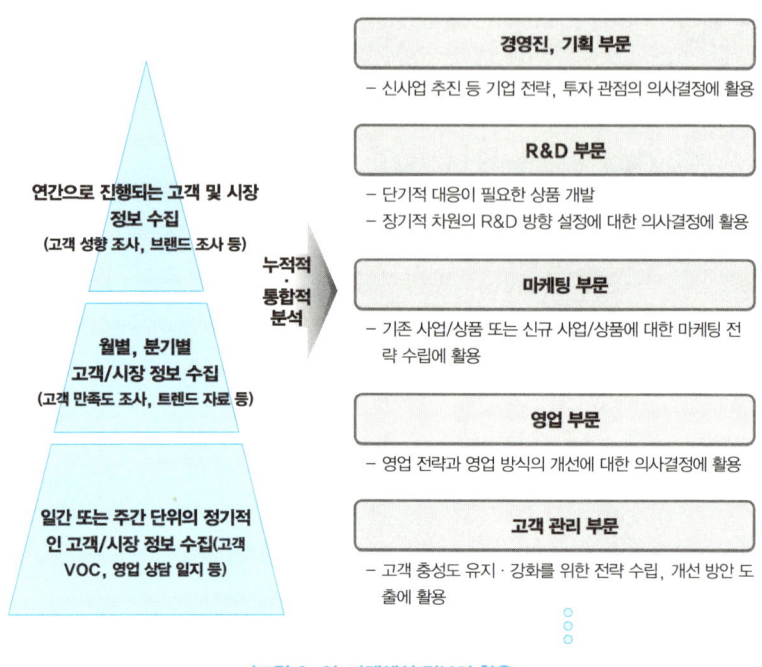

〈그림 6-9〉 마켓센싱 정보의 활용

항에 반영될 수 있는지를 나타낸 것이다. 다양한 마켓센싱 채널을 통해 시장과 고객에 대한 정보를 수집하면 이러한 정보의 분석은 일 단위, 주 단위, 월 단위, 분기별 혹은 연간으로 진행된다. 앞서 설명한 바와 같이 이러한 정보 분석은 가능한 한 정기적으로 진행하여 정보가 시계열적으로 누적되도록 하는 것이 바람직하다.

일반적으로 일 단위 혹은 주 단위로 분석되는 정보에는 매출 자료, 고객 VOC, 영업 상담 일지, 고객 방문(웹 사이트) 트래픽 등이 해당한다. 일 단위, 주 단위로 수집 · 분석되는 정보를 통해 기업은 현장의 문제점이나 요구 사항에 즉각적으로 대응하며 고객의 불만족을 제거할 수 있다. 다음으로 월별 혹은 분기별로 수집·분석되는 정보에는 고객 만족도 조사, 트렌드 조사, 웹 기반 고객 커뮤니티 운영 결과 등이 있다.

이러한 정보의 분석 주기가 월 단위여야 하느냐 분기나 반기 단위여야 하느냐는 해당 산업의 특성에 따라 판단해야 한다. 예를 들어, 고객과 접점 주기가 짧고 접점이 많은 레스토랑, 백화점이나 마트, 테마파크 등은 월 단위 분석이 적합하다. 왜냐하면 비수기였느냐 성수기(백화점의 경우 할인 판매 기간)였느냐 하는 시기에 따라, 비가 왔느냐 맑았느냐 하는 기후에 따라, 평가 결과가 달라질 수 있으므로 반기나 분기 자료로는 의사결정에 한계가 있기 때문이다. 반면 고객과의 만남이 많지 않은 자동차나 아파트 등은 반기 내지는 연간으로 자료를 수집하고 분석하는 것이 효율적이다.

마지막 연간으로는 고객 성향 조사나 브랜드 조사 등이 있다. 이를 통해 정보 수집의 내용과 분석 주기가 체계화된다. 물론 기업에 따라 이 밖의 다양한 내부 자료 및 외부 자료를 통합하여 수집·분석 체계를 수립하면 된다.

이러한 정보를 활용할 때, 고객 VOC 분석 자료나 고객 만족도 조사 자료는 고객 관리 부문에서만 활용하고, 영업 상담 일지는 영업 부문에서만 활용하고, 고객 성향 조사나 브랜드 조사는 마케팅 부문에서만 활용하는 방식이어서는 곤란하다. 애써 수집한 시장과 고객에 대한 정보가 제대로 활용되지 못하고, 결과적으로는 기업이 시장과 고객의 빠른 변화에 대응하지 못하거나 부분적으로만 대응하는 상황을 가져오기 때문이다.

따라서 이러한 정보들이 각각 별개로 다뤄지지 않고 통합적으로 분석된 후, 경영진이나 기획 부문에는 신사업 추진 등의 기업 전략 수립이나 신규 투자와 관련된 의사결정에, R&D 부문에는 단기적 대응이 필요한 상품 개발뿐만 아니라 장기적 차원의 R&D 방향 설정을 위한 의사결정에 활용되어야 할 것이다. 물론 〈그림 6-9〉에서 보는 것처럼 마케팅, 영업, 고객 관리 부문 또한 통합적으로 분석된 마켓센싱 정보를 상품별 마케팅 전략 수립, 영업 전략, 고객 충성도 강화 방안 등 각각의 업무 추진 관련 의사결정에 활용하게 됨은 말할 것도 없다. 이러한 마켓센싱 정보를 활용함으로써 기업은 시장과 고객의 변화에 신속하고 일관성 있게 대응하는 것이 가능해진다.

 정성적인 텍스트에서 의미 찾기

다양하고 방대한 자료를 수집하여 분석을 진행하다 보면, 숫자나 그래프로 되어 있어서 한눈에 내용을 요약할 수 있는 자료도 있는 반면, 텍스트로 되어 있어서 내용에 대한 핵심적인 부분을 파악하기 어려운 자료들도 만나게 된다. 여러 개의 텍스트 자료 속에서 산재해 있는 의미를 체계적으로 분석하기 위해서는 텍스트상의 핵심적인 키워드를 도출하고 키워드들을 효과적으로 그루핑grouping하는 과정이 필요하다.

키워드란 문장, 텍스트 정보를 축약하여 전달할 수 있는 중요한 개념으로 키워드를 도출할 때는 텍스트 안에서 핵심이 되는 단어를 직접 뽑는 방법과 연관성이 높으면서 의미를 강하게 표현하고 있는 단어를 찾아 사용하는 방법이 있다.

텍스트 중에서 직접적으로 키워드를 도출할 때는 그 키워드가 전체의 내용을 함축적으로 전달하는지 여부만 파악하면 충분하지만, 본문에 없는 단어를 함축적으로 표현하는 키워드를 뽑을 때는 몇 가지 고려 사항이 있다.

첫째는 고객 관점에서 출발하라는 것이다. 즉, 개발자 관점이 아니라, 사용하고 이용하는 고객 관점에서 중요한 포인트를 키워드로 도출해야 한다. 둘째, 텍스트가 나타내고자 하는 특징을 단순하게 표현하면서도 지나치게 일반화되지 않도록 고유한 키워드를 뽑아야 한다. 마지막으로 히트상품 등 제품과 관련된 키워드를 뽑을 때는 제품의 특성, 속성, 이미지, 소비자가 얻을 수 있는 혜택, 사용 방법 등을 키워드로 추출하면 좋다. 만약 제품 등 대상의 기본 특징이 텍스트상에 명확하게 나타나 있지 않아 이를 키워드로 표현하기 어려운 경우라면 오히려 이미 알고 있는 다른 대상이나 상황에 대비하여 상대적으로 표현하는 것도 효과적인 방법이다.

도출된 키워드들 간의 관계를 파악하여 의미를 도출해내기 위해서는 그루핑도 빼놓을 수 없는 과정이다. 그루핑은 사전에 카테고리 혹은 기준을 정해 두고 그 기준에 따라 그루핑하는 방법이 있고, 또 아래 그림처럼 키워드의 내용이나 의미의 유사성을 기준으로 묶어가며, 묶어진 1차 그루핑에 이름을 붙이고 다시 이들을 2차로 그루핑하고 이름을 붙이는 식으로 정리하는 방법이 있다. 이러한 과정을 서너 번 거치면서 대량의 텍스트를 효과적으로 요약하고 의미를 찾아갈 수 있게 된다.

마켓센싱을 위해 수집한 정보의 분석과 활용에 대해 알아보았다.

마켓센싱 정보의 분석

마켓센싱 정보의 분석은 3단계로 구분하여 각 단계별 방법을 제시했다.

1단계 : 고객에게 제공할 가치 창출의 방향 설정

- 다양한 수집 채널을 통해 파악한 정보에서 키워드를 파악하라.
- 키워드를 기반으로 핵심을 파악하고 이를 단순화하라.
- 새로운 전략 축을 설정하라.

2단계 : 고객에게 제공할 가치의 구체화

- 고객을 관찰하라.
- 고객의 라이프스타일을 이해하라.
- 고객의 잠재 니즈를 분석하여 반영하라.

3단계 : 구체화한 고객 가치에 대한 검증

- 내부 전문가의 검증을 거치라.
- 최종 검증은 고객에게 맡기라.

마켓센싱 정보의 활용

이렇게 분석된 마켓센싱 정보는 신규 사업 또는 신상품의 기획 단계에서만 활용되는 것이 아니다. 먼저 조직 전체의 관점에서 정보가 수집·분석된 다음 기획, R&D, 마케팅, 영업 등 각각의 부문에서 필요한 의사결정에 활용할 수 있다. 이렇게 될 때 시장/고객의 변화에 대한 기업의 대응이 장기적 관점, 조직 전체의 통합적 관점에서 이루어질 수 있다.

MARKET
SENSING

제7장

마켓센싱 인프라를 갖추자

앞서 2장에서는 마켓센싱이란 개인에게는 정보를 파악하는 능력과 파악된 정보를 분석하고 활용하는 능력을 의미한다고 설명하고, 조직이 이러한 능력을 갖추려면 각각의 관련 조직별로 역할을 명확히 하고 운영 시스템을 갖추어야 한다고 지적한 바 있다. 이러한 관점에서 7장에서는 조직 차원에서 마켓센싱 인프라를 갖추기 위해 필요한 조직과 운영 시스템에 대해 간단히 소개하고자 한다.

조직 차원에서 마켓센싱 인프라를 갖춘다는 것은, 마켓센싱이 일회성으로 끝나거나 그때그때 필요할 때에만 일시적으로 진행되는 것이 아니라, 습관이 우리 몸에 자연스럽게 배듯이 조직 내에 체화하는 효과를 기대할 수 있다. 당연히 조직 차원에서 체화하려면 먼저 조직 구성원 한 사람 한 사람이 마켓센싱의 필요성을 인식하고 센싱을 추진하기 위한 정보를 수집·분석·활용하는 역량을 갖추는 것이 필요하다. 또한 개인이 아닌 조직 전체가 움직이려면 이를 위한 체계가 필요하며, 여기에서 가장 근간을 이루는 것이 조직별 역할 설정이다. 그리고 조직의 규모가 커질수록 관련 운영 시스템을 갖추는 체계화도 중요하지만 이와 함께 효율성 증대에 대해서도 반드시 고려해야 한다.

그러면 먼저 센싱 조직의 설계부터 간단히 살펴보자.

01
마켓센싱 추진할 조직 구성

결론부터 말하자면, 마켓센싱 조직을 설계하려고 반드시 기존의 조직 구조를 대대적으로 변경하거나 새로운 조직을 개설해야 하는 것은 아니다. 물론 기업의 여건상 가능하다면 별도의 조직을 만들어 그 업무만 전담하는 전문 인력을 둔다면 좋겠으나, 전담 조직이 있어야만 가능한 일은 아니라는 것이다. 기존의 조직 구조를 활용해도 십분 효과를 발휘하며 조직화할 수 있다는 뜻이다. 조직을 만드는 것보다 기능을 정의하는 것이 중요하다. 마켓센싱을 위한 정보를 수집·분석·활용하기 위해 각각의 관련 조직의 역할을 조정하고 이를 명확히 규정하는 것이 필요하다. 구조 자체보다는 기능 수행 관섬에서 조직의 설계가 이루어져야 한다. 이처럼 조직별 역할을 명확히 하면, 마켓센싱 추진 프로세스도 정비되어 조직이 유기적으로 상호작용을 하면서 마켓센싱을 추진할

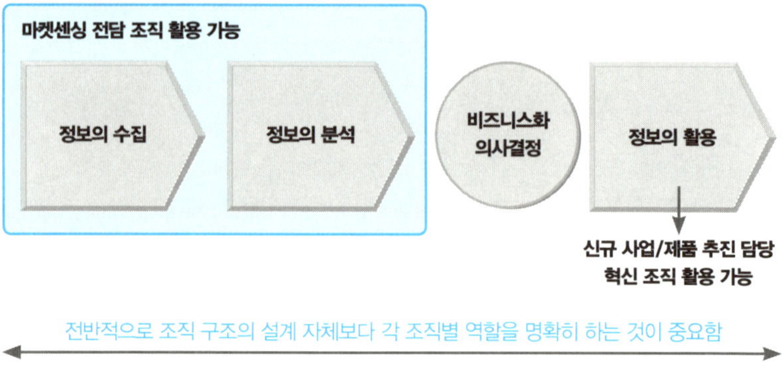
마켓센싱 전담 조직 활용 가능
정보의 수집
정보의 분석
비즈니스화 의사결정
정보의 활용
신규 사업/제품 추진 담당 혁신 조직 활용 가능
전반적으로 조직 구조의 설계 자체보다 각 조직별 역할을 명확히 하는 것이 중요함

〈그림 7-1〉 센싱 조직 설계 원칙

수 있다.

물론 〈그림 7-1〉에서 보는 것처럼, 조직의 규모가 큰 경우 마켓센싱 중 특히 정보의 수집 및 분석을 전담하는 조직을 별도로 두어 활용할 수 있다. 이미 마켓센싱의 중요성을 인식하고 신설 조직으로 운영하는 기업들도 일부 있다. 이 경우 명칭은 마켓센싱 팀, 코스터머 인사이트Customer Insight 팀, 마켓 인텔리전스Market Intelligence 팀 등 다양하게 불리며, 담당하는 역할도 조직에 따라 조금씩 다르다.

마켓센싱 담당 조직이 존재하는 경우, 기본적으로 수행해야 하는 역할은 〈그림 7-2〉와 같다. 그림에서 보는 것처럼 마켓센싱 담당 조직에서는 먼저 기업 내의 다른 부문에서 각각 수집·분석한 시장과 고객 정보를 취합한다. 이뿐만 아니라 기존에 수집하지 않았던 장기적 관점의 정보 또는 각 부문의 업무 특성상 수집하기 어려운 정보도 수집하고 분석하는 역할을 담당한다. 물론 정보를 분석할 때에는 취합된, 또는 독자적으로 수집한 정보를 개별적으로 분석하는 데 그치지 않고 통합적으로 상호 연계하여 분석함으로써 유용한 인텔리전스를 도출할 수 있다. 마켓센싱 담당 조직의 역할은 여기에서 그치지 않는다. 분석한 내용을 전사 차원에서 공유해야 할 정보, 경영진과 공유해야 할 정보, 또는 각 부문과 공유해야 할 정보로 구분하여 조직 내에서 공유하는 역할도 전

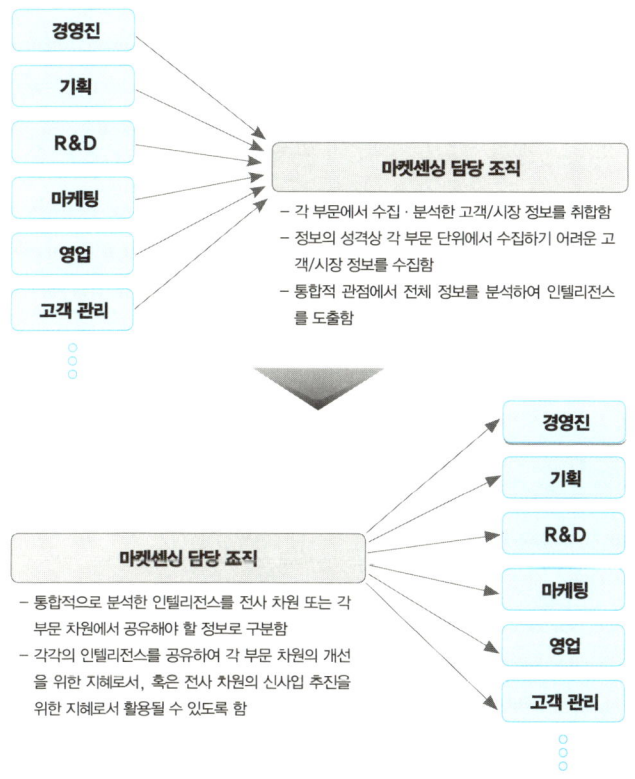

<그림 7-2> 마켓센싱 담당 조직의 역할

담 조직에서 수행해야 한다. 이렇게 될 때 전사 차원 또는 각 부문에서 분석된 정보가 지혜 차원으로 활용될 수 있다. 최근에는 마켓센싱의 중요성이 증가하면서 이처럼 마켓센싱의 정보 수집 및 분석을 담당하는 조직이 증가하는 추세다.

정보의 수집 및 분석 단계에서 전담 조직을 활용할 수 있듯이, 정보의 활용 측면에서도 별도의 조직을 활용할 수 있다. 사실, 기존 조직 내에서 새로운 비즈니스 기회를 추진하는 일까지를 담당하게 되면 눈앞에 닥친 현실적인 문제를 해결하느라 자원 대부분을 할애하게 되고, 중요하기는 하지만 자원이 많이 소요되는 전략적 과제나 미래 준비 관점의 과제는 뒷전으로 밀리는 등 여러 가지 문제점이 나타난다. 이는 비단 마켓센싱뿐만 아니라 조직에서 일반적으로 나타나는 현상이다. 이러한 병폐를 막기 위해 P&G에서는 다음과 같은 조직 체계를 활용한다.

P&G는 생활용품 업계에서 글로벌 최고 수준의 기업으로 인정받는다. 특히 마케팅에서는 타의 추종을 불허하는 역량을 갖춘 기업으로 평가받는다. P&G 출신은 마케팅 전문가로서 다른 기업에 높은 연봉을 받고 스카우트될 정도여서, 국내 대기업에서도 P&G 출신을 마케팅 전문가로 영입한 사례를 찾기란 어려운 일이 아니다. 이러한 P&G에서 탄생한 대표적인 마케팅 조직 구조가 브랜드 매니저제다. P&G에서 브랜드 매니저제가 탄생하게 된 배경을 살펴보면 이렇다.

1930년대 당시 P&G는 비누 브랜드 '아이보리'의 성공에 힘입어 급속한 성장을 이루었다. 아이보리는 이전에는 미국 시장에 존재하지 않았던 브랜드화된 비누로서 미국에서 최초로 전국으로 유통되는 제조자 브랜드였던 것이다. 아이보리가 큰 성공을 거두자 경쟁자들이 출현하기 시작했다. 경쟁자들은 아이보리가 99퍼센트 순수함을 콘셉트로 했던 것에 대항하기 위해 '화장비누'라는 콘셉트를 들고 나왔다. 성장성이 큰 시장에서 리더십을 유지하려면 P&G에서도 이에 대응하는 상품을 추가로 내놓지 않으면 안 되었다. 그런데 여기에서 문제가 생겼다. 당시만 해도 조직이 R&D·관리·마케팅·영업 등 기능 중심으로 설계되어 있었다. 그러하다 보니 각각의 조직 구성원들이 안정을 추구하는 성향을 나타내어, 기존 상품인 아이보리에만 기업의 인력과 자원이 집중되고 새롭게 시장에서 대응 상품으로 내놓으려는 신상품에는 자원이 배분되지 못하는 현상이 발생한 것이다. 이 문제를 해결하기 위해 탄생한 조직 구조가 브랜드 매니저였다. 브랜드 매니저에게는 비누라는 제품 전체가 아니라 각각의 담당 브랜드에 대해 모든 책임과 권한을 부여하고 철저하게 그 성과에 따라 업적을 평가받도록 했다. 결과는 대성공이었다. 이러한 새로운 조직 구조 덕분에 P&G는 성장 시장에서 나타나는 시장 세분화에 대응하는 제품 라인을 신속하게 갖출 수 있었고, 시장에서의 리더십을 유지할 수 있었다.

P&G의 사례에서 보는 것처럼, 기존 조직을 기반으로 신규 사업과 신상품 개발을 추진하는 것에는 1930년대나 지금이나 어려움이 따르게 마련이다. 기존 조직은 기본적으로 안정성을 추구하고 리스크를 회피하려는 성향이 있어서, 혁신적인 사업이나 상품 개발보다는 기존 제품의 점진적인 개량이나 개선을 추구하기 때문이다.

많은 기업에서는 이러한 문제를 해결하기 위해 〈그림 7-3〉과 같이

〈그림 7-3〉 마켓센싱 정보 활용 조직

기존 사업/제품 운영 조직과 별도의 새로운 사업/제품 추진을 담당하는 혁신 조직을 두고 있다. 실제로 학자들의 연구 결과에 따르면, 이처럼 기존 조직과 구별되는 별도의 조직을 도입한 기업의 경우 90퍼센트 이상이 혁신적인 신제품 개발에 성공하여 기존 조직 형태에만 의존했던 기업에 비해 월등히 높은 경영 성과를 보였다고 한다.

혁신 조직은 인력 및 예산 등을 지원받음에도 단기적으로는 가시적 성과를 내지 못할 개연성이 높기 때문에, 다른 조직으로부터 공격을 받을 개연성이 크다. 이러한 문제를 극복하려면, 무엇보다 CEO 등 경영진이 이 조직의 장을 겸하면서 지속적인 관심을 표명하고 조직 전체의 이해를 구하는 것이 필요하다. 또한 혁신 조직이 별도로, 독립적으로 운영되기보다는 기존 조직과 유기적으로 연계되는 것도 중요하다. 두 조직이 유기적으로 연계되어 상호 간에 커뮤니케이션이 이루어지지 못하면, 사업 추진에 꼭 필요한 기본 사항을 놓쳐서 신사업 추진이나 신제품 개발에 실패할 개연성이 있으며, 개발에 성공하더라도 이를 시장에 도입해 확산시키는 과정에서 문제가 발생하기 쉽기 때문이다. 이러한 문제를 해결하려면, 두 조직의 구성원들이 함께 논의할 수 있는 회의체 등 비상설 조직을 운영하거나 정기적으로 인적 교류를 실시하는 등의 보조적 체계를 구축하는 것이 방법이 될 수 있다.

02

IT를 활용한
효율성 제고

앞서 설명한 바와 같이 조직의 규모가 커질수록 인적 역량이나 조직 구조 설계만으로는 마켓센싱을 체계적으로 추진하는 데 어려움이 따른다. 특히 센싱 정보를 수집하고 분석하려면 방대한 정보를 효율적으로 수집하는 시스템, 수집된 정보를 데이터베이스화하여 축적하고 분석하는 시스템이 필수적으로 요구된다. 인터넷의 발달과 보편화 이후 이러한 정보 수집 시스템을 갖추는 기업이 확대되어왔으며, 최근에는 웹 크롤링 기술을 도입하는 기업이 증가하는 추세다.

웹 크롤링은 자동화된 프로그램으로, 인터넷상의 텍스트를 탐색하는 컴퓨터 프로그램이다. 웹 크롤링 기능은 다양한 용도로 활용되는데 우리에게 가장 친숙한 것은 검색엔진 사이트의 검색 기능일 것이다. 검색엔진에서는 웹 크롤링 기능을 활용하여 사용자가 입력하는 키워드가 포함된 웹 페이지상의 정보를 제공한다.

기업 차원에서 웹 크롤링 기술의 활용은 초기에는 마켓센싱 차원이라기보다 홍보 분야에서 자사와 관련하여 웹상의 기사, 블로그 등의 내용을 수집하는 시스템으로 도입되는 것이 일반적이었다. 기존에 가판대에서 그날의 아침 신문을 모니터링하던 것에서 한발 나아가 매체 환경의 변화에 대응하기 위해 도입한 시스템이라 할 수 있다. 최근에는 이러한 기능을 확대하여 자사 제품과 서비스에 대한 고객의 반응을 수집하고 트렌드와 경쟁 정보를 감지하기에 효율적인 도구로서, 지식 경영 시스템Knowledge Management System이나 VOC 시스템 등에 웹 크롤링 기술을 도입하여 활용하고 있다.

이러한 웹 크롤링 기능은 온라인상에 게시되는 정보의 양이 증가되고 고객들도 다양한 온라인 매체를 통해 자신의 의견을 표현하는 경향이 두드러지면서, 앞으로 기업 차원에서 내부 시스템화하는 사례가 더욱 증가할 것으로 보인다. 웹 크롤링 기능 외에도 조직 내 운영 시스템에 예측 시장, 웹 기반 고객 참여 커뮤니티 등 마켓센싱과 관련한 다양한 기능을 추가하여 운영할 수 있다.

IT를 활용한 효율화는 단지 이러한 기능들을 기존 시스템에 추가하거나 새로운 시스템을 도입하여 활용하는 것만을 의미하지는 않는다. 기업에서 기존에 갖추고 있는 CRM 시스템, 지식 경영 시스템 등 시스템 차원에서 수집된 정보들이 상호 연계되어 분석될 수 있는 체계를 갖추는 것이 필요하며, 궁극적으로는 기업의 마케팅 · R&D · 영업 · 구매 · 유통 · 지원 등의 프로세스가 마켓센싱을 고려한 프로세스로 개선되는 것이 필요하다.

　이러한 운영 시스템을 구축하는 데에서 중요한 것은 시스템의 활용 목적, 활용 방법 등을 명확히 설정하는 것이다. 시스템 도입 자체가 중요한 것이 아니라, 이것을 어떻게 활용할 것인가가 중요하기 때문이다. 그러려면 시스템을 구축할 때 앞서 설명한 조직별 역할 설계와 연계하여 마켓센싱 조직, 추진 프로세스, 운영 시스템이 어우러질 수 있도록 설계하는 것이 중요하다.

기업 차원에서 마켓센싱 역량을 갖추기 위한 인프라로서 마켓센싱 추진 조직과 IT를 활용한 효율화에 대해 설명했다.

마켓센싱 조직

기업 차원에서 마켓센싱을 추진하기 위한 조직 구조는 각각의 기업별 현황에 따라 다양하게 나타날 수 있다. 중요한 것은 구조 자체보다도 각각의 관련 조직이 정보의 수집·분석·활용이라는 맡은 바 역할을 제대로 수행할 수 있도록 해야 한다는 것이다.

IT를 활용한 효율화

기업이 수집·분석해야 하는 정보의 규모가 커질수록 이를 효율적으로 수집·분석하는 시스템의 도입이 요구된다. 단, 여기에서도 중요한 것은, 통합적 분석의 추진을 위해 단지 새로운 시스템을 도입하는 것뿐만 아니라 기존 시스템과의 연계성을 반드시 고려해야 한다는 점이다.

1장에서 살펴보았던 인터뷰 내용을 다시 한번 상기해보자. 신입 사원인 이신참 씨는 회사에서 요구하는 차별화된 기획서를 작성하는 데 어려움을 느꼈고, 상품 개발 담당으로 입사 7년차인 김상품 차장은 지금까지 활용해온 벤치마킹이 아닌 다른 방법으로 지금까지 시장에 존재하지 않은 독특한 상품을 개발해야 하는 현실에 곤혹을 느꼈다. 고객 서비스를 담당하는 나고객 파트장은 고객의 요구 사항에 대해 단편적인 대응으로만 일관하는 데 한계를 느꼈다. 실제로 현재 느끼는 고민은 좀 더 다양할 수 있다. 하지만 대부분의 기업 혹은 업무 추진을 담당하는 개인들이 느끼는 고민의 원인은 너무나 빠르게, 큰 폭으로 변화하는 시장과 고객에 있다고 자신 있게 말할 수 있다.

사실 변화하는 환경에 가장 많은 영향을 받는 것은 고객이다. 어찌 보면 당연한 것이, 기업은 산업 내에서 경쟁하는 몇몇 회사의 분석을 통해 변화와 혁신을 고려하지만, 고객은 전체 산업에 영향을 받으며 생활 전체에서 변화에 직면하기 때문에 더 크고 폭넓은 변화에 노출되어 있는 것이다. 그렇기 때문에 경쟁자의 새로운 상품과 서비스를 분석한 다음 대응 방안을 내놓는 것으로는 고객에게 진부하다는 이미지만 남기기 십상이다. 그뿐만 아니라 경쟁사에서 답을 찾다 보면 시장과 고객의 변화는커녕 경쟁사의 다음 행동도 읽을 수 없어, 경쟁사를 앞서기는커녕 따라잡기도 점점 더 힘들어진다. 즉, 답을 경쟁사에서 찾으려 할 것이 아니라, 경쟁사보다 먼저 시장과 고객의 변화 속에서 찾아야 하는 것이다.

　과거의 고객은 기업이 제공하는 만큼의 정보와 하드웨어, 제품의 기능, 용도, 사용할 수 있도록 제공한 콘텐츠만 고분고분 쓰는(속으로는 욕을 할망정 딱히 어디에 어떻게 이야기할지를 모르던) 착한(?) 고객이었다. 하지만 21세기 고객은 경우에 따라서는 기업보다 더 빠른 정보를 더 많이 가지고 고객 상호 간에 이를 전달함으로써 힘을 과시하는 적극적인 고객으로 변모하고 있다. 이전에도 고객들이 상품 개발에 참여하는 사례가 있었지만, 이는 기획 초기 단계에서 아이디어를 얻거나 상품 개발 후 출시를 준비하는 단계에서 고객들의 의견을 들어 상품 개선에 반영하는 정도였다. 하지만 이제는 고객이 상품 개발에서부터 출시하기까지 전체 과정에 참여하고 있다. 이들은 정보력과 집단화를 기반으로 가격에 대한 교섭을 진행할 뿐만 아니라, 상품이 출시되기도 전에 제품 개선을 요구하기도 한다. 또한 소셜 네트워크 서비스와 스마트폰의 보급이 가속화되면서, 이러한 집단화가 필요에 따라서는 실시간으로, 지역별로 가능해지고 있다. 이전에는 고객이 탁월한 의견을 가졌어도 개인이기 때문에 기업에 비해 작고 힘이 없어 어쩔 수 없다고 생각하고 마는 부분이 있었다면, 집단화된 고객은 전 세계 어느 기업도 무시할 수 없는 거인이 되었다. 이리하여 21세기 고객은 철옹성처럼 여겨졌던 유통 구조까지도 변화시키고, 새로운 비즈니스 모델까지 만들어내기도 한다.

이 책에서는 기업 혹은 기업에 들어가고자 노력하는 개인이 가져야 할 가장 큰 차별점과 경쟁력을 '마켓센싱' 역량이라고 소개했다. 왜냐하면 무한 경쟁 속에서 기업이 현재 당면한 많은 문제를 해결하려면 시장과 고객의 변화를 빠르게 파악하고 대응하는 것이 무엇보다 중요하기 때문이다.

마켓센싱은 인간의 감각기관처럼 시장과 고객의 변화에 대해 민감하게 받아들이고 이를 기업의 문제 해결 관점에서 해석해내는 능력이다. 즉, 고객과 시장의 정보를 폭넓게 얻을 수 있는 정보 채널을 확보하고 이러한 정보를 회사 관점에서 분석하여 인사이트를 뽑아내는 능력, 이를 분석 자료로 의미를 만들어내는 능력이다. 물론 마켓센싱에 대해 안다고 해서 바로 이러한 역량이 발휘되는 것은 아니다. 하지만 인간의 감각기관의 발달은 타고난 것으로서 노력을 통해 향상되기 어려운 반면, 마켓센싱 역량은 의식적인 훈련과 경험을 통해 발전시킬 수 있다. 기업의 경우, 여기에 시스템이 더해지면 효율성까지 확보할 수 있다.

네트워크가 중요하던 시절에는 학벌이 매우 중요한 경쟁력이었다. 기업이 해외 벤치마킹으로 상품 개발의 전략 방향을 설정하던 때는 어학 능력이 기업에서 성공하기 위한 주요 경쟁력이었다. 앞으로의 시대는 무한 경쟁 시대로, 창조력이 중요한 시기다. 물론 여기에서 창조력이란 단순히 새롭기만 한 것이 아니라 시장과 고객에 맞는 새로운 것을 만들어내는 능력을 말한다. 마켓센싱 역량을 통해 시장과 고객의 변화를 읽어내고 이에 대응하는 감각을 갖춘다는 의미에서 중요하다 할 수 있다.

이 책을 함께한 독자들은 이미 마켓센싱 역량을 키우는 일에 남보다 한발 앞서가고 있다. 앞으로 마켓센싱 역량을 키워나가 이를 자신의 업무에 활용함으로써 기업에서 인정받는 경쟁력을 갖추길 바란다. 또한 이를 통해 회사의 경쟁력을, 더 크게는 우리나라의 경쟁력을 높여주길 희망한다. 물론 고객으로서 저자 또한 상품과 서비스로 혜택을 받을 날을 기다리며 이 글을 마친다.

KI 신서 3324

마켓센싱하라
고객의 마음을 꿰뚫어보는 놀라운 감각

1판 1쇄 인쇄 2011년 4월 20일
1판 1쇄 발행 2011년 4월 27일

지은이 김선주 안현정 **펴낸이** 김영곤 **펴낸곳** (주)북이십일 21세기북스
기획·편집 장보라 **본부장** 이승현 **마케팅** 문병구 도건홍 박민준 이총석 우중민
출판등록 2000년 5월 6일 제 10-1965호
수소 (우413-756) 경기도 파주시 교히읍 문발리 파주출판단지 518 3
대표전화 031-955-2100 **내용문의** 031-955-2147 **팩스** 031-955-2122
이메일 aboutbora@book21.co.kr **홈페이지** www.book21.com
© 2011 김선주 · 안현정

ISBN 978-89-509-3080-6 13320
값 12,000원